JN226365

スウェーデンに学ぶ
ドキュメンテーションの
活用 子どもから出発する
保育実践

白石淑江 編著

新評論

はじめに

——スウェーデンからの学びを日本の保育実践に（白石淑江）——

わが国では、2015（平成27）年度より子ども・子育て新制度がスタートしています。また、保育所保育指針や幼稚園教育要領、幼保連携型認定子ども園教育・保育要領の改訂（定）も行われ、2018（平成30）年度から実施されます。子どもや子育てを支援する社会づくりの課題が山積している今日、これを機に保育の量的拡充を図るとともに、すべての乳幼児が質の高い保育を受けることができるような改革の推進が期待されています。

近年、欧米諸国を中心とする諸外国では、人生最初の時期の教育・保育の質的改革を積極的に進めています。その背景には、乳幼児期の生活や教育の質が、その後の子どもの人生だけでなく、社会全体にも大きな影響を与えることが様々な研究で明らかにされていることがあります。

OECD（経済協力開発機構）では、ここ十数年間にわたる世界各国の保育改革の動向や内容について継続的に調査し、その結果を「人生のはじまりこそ力強く：Starting Strong I 〜 IV」（2001年、2006年、2012年、2015年）と題した報告書として出版しています。そして、回を重ねるごとに、各国がめざす幼児教育・保育の特性が明らかになってきています。

もちろん、何をもって質が高いとするかは、その国の歴史や文化、政治や思想などによって異なります。そのような動きのなかで、わが国の保育の特徴は何か、どちらの方向をめざして進んでゆくのかが問われているように思われます。これからますます複雑化する社会を生きていく子ども達の幸せにつながる、子どもの権利を基盤とする保育の在り方を求めていかなければなりません。

本書では、その具体的な手掛かりとして、スウェーデンの保育実践で活用さ

れている「教育的ドキュメンテーション」を取り上げます。

スウェーデンは、保育の質が高いことで知られている国の一つです。世界から注目されている五つの保育カリキュラムの一つに挙げられており（2004年、OECD）、2008年のユニセフの研究報告でも、OECD加盟国（25か国）のなかで最も質の高い教育とケアが行われている国である、とされています。

スウェーデンは1975年に一元化した保育制度を確立し、1996年には保育施設の管轄を社会庁から学校庁に移管して、学校教育体系の最初の段階に位置づけました。そして、1998年には、「子どもの権利条約」の理念や民主主義の価値観に基づく「就学前学校カリキュラム（Lpfö 98）」を公布し、保育の質の向上をめざして新たな一歩を踏み出しました。

スウェーデンでは、保育の質を三つの側面からとらえています。第一は、保育実践の前提となる構造的条件で、特に人的条件の改善を重視しています。1クラスの子ども数をできるだけ少なくすることや、教育を受けた保育者を適正に配置することです。第二は、保育事業における内容の向上です。本書で取り上げる「教育的ドキュメンテーション」は、この保育事業の質を高める作業方法として導入されたものです。しかも、それは第三の側面、目標の達成状況を評価するためのツールにもなっています。

そして、2010年の就学前学校カリキュラムの改訂において、保育活動をフォローし、評価して発展させていくために、教育的ドキュメンテーションを行うことが明記されたのです。また、その後、学校庁より保育者向けの手引書「就学前学校におけるフォローアップ・評価・発展——教育的ドキュメンテーション（Uppföljning, utvärdering och utveckling - pedagogisk dokumentation）」が発行され、すべての就学前学校に配布されました。

本書では、この手引書の内容を参考にして、スウェーデンの「教育的ドキュメンテーション」とは何か、それはドキュメンテーションをどのように活用することなのかを、具体的な実践事例を紹介しながら解説することにしました。また、日本の保育園においてドキュメンテーションの活用を試みた例を紹介し、今後、わが国でスウェーデンからの学びをどのように活かすことができるのかを考えていきます。

なお本書では、「**ドキュメンテーション**」と「**教育的ドキュメンテーション**」を異なる意味をもつ言葉として使い分けています。「ドキュメンテーション」は保育活動を可視化した記録文書のことであり、「教育的ドキュメンテーション」は、その記録文書（ドキュメンテーション）を資料として、保育者同士、または子どもと保育者が一緒に活動を振り返り、省察して、次の展開を考えるという教育的な作業方法を意味しています。また、この作業を積み重ねることによって、保育の向上を図ろうとするものです。

　要するに、子どもの言葉や写真、映像などで保育活動を可視化した記録文書としてのドキュメンテーションは、保育活動の省察や発展に活かすことができて初めて「教育的ドキュメンテーション」と呼ぶことができるということなのです。したがって、本書で紹介する日本での実践例は、記録文書としてのドキュメンテーションをいかに活用していくかを模索した実践にすぎないことをお断りしておきます。

　筆者は、2000年にストックホルム教育大学（2008年1月よりストックホルム大学に統合）に短期留学したのを機に、17年以上にわたってスウェーデンの保育関係者と交流を深めてきました。本書では、その交流を通して出会った方々のご協力をいただき、教育的ドキュメンテーションを切り口として、スウェーデンの保育の今を紹介していただくこととしました。

　一番古い友人であるイングリッド・エングダール（Ingrid Engdahl）さん（ストックホルム大学准教授）は、常に子どもの視点に立つという冷静な頭脳と温かな心の持ち主で、筆者のスウェーデン研究の師でもあります。それゆえ、今日のスウェーデンの保育の基盤である子どもの権利条約の理念、特に子どもの参加と教育的ドキュメンテーションとの関係について解説してもらいます。また、これまでに3回日本を訪れ、保育園や幼稚園を見学したことがあることから、スウェーデン人の目に映った日本の保育について率直な感想を語っていただくことにしました。

　次に、ジェーン・ウェンズビィ（Jane Wensby）さん（エーネン就学前学校）は、ストックホルムの「レッジョ・エミリア（Reggio Emilia）研究所」におい

てペダゴジスタ（教育主事）とアトリエリスタ（美術教師）の資格を取得し、活躍している人です。幼児教育への情熱と豊かな感性を備えた人で、来日の経験も３回あり、日本の保育者に教育的ドキュメンテーションについての講演をしていただきました。本書では、教育的ドキュメンテーションの方法について具体的に解説していただきます。

　エンマ・リンドグレン（Emma Lindgren）さんも、アトリエリスタの資格を取得した就学前学校の教師です。筆者が長年にわたってお世話になっている「ヴァガ＆ヴィリア（Wåga & Wilja：W&W）」（現在、七つの就学前学校を運営している会社）に属するオルゴナ就学前学校（Orgona Förskola）のアトリエ（美術室）でプロジェクト活動に関わっています。

　筆者の勤務校である愛知淑徳大学では、毎年、W&W の就学前学校で４日間の観察実習を行っており、その交流事業の一環で、2016年の夏に同僚のカミラ・ストルト（Camilla Stolt）さんとともに来日し、公開講座で４年間の実践を報告してくださいました。本書では、その講演内容を紹介します。

　さらに、スウェーデン在住の２名の日本人の方にも執筆していただきました。一人目のウェンドラー（Wendler）由紀子さんは、ソフィエルンド学校（Sofielundsskolans）付属就学前学校の教師をされている方です。民間の就学前学校で准保育士として働いた後、大学に入学して免許を取得し、現在の就学前学校で働いています。まだ記憶に新しい大学での学びの経験や、スウェーデンから見た日本の保育について、個人的な感想や意見を含めて率直に語るとともに、ご自身の実践例を紹介していただきます。

　もう一人、高見幸子さんは、スウェーデンの伝統的な環境教育プログラム「森のムッレ」を日本に紹介し、日本野外生活推進協会を創設した人であり、環境問題に取り組む NGO「ナチュラルステップ・ジャパン」の元代表者でもあります。スウェーデンや日本で「森のムッレ教室」のセミナーを開催されていますので、そのプログラムの概要を説明するとともに、教育的ドキュメンテーションをどのように行っているのかを報告していただきます。

　なお、スウェーデン語で書かれた原稿、および資料の日本語訳については、高見幸子さんとウェンドラー由紀子さんとともに、矢作・ルンドベリー・智恵

子さん（SwePon 代表）と下鳥美鈴さん（言語学博士、イェーテボリ大学勤務）にもご協力いただきました。このように、本書はスウェーデン在住の日本人の方々のご協力をいただて出版するに至っています。

　一方、日本でのドキュメンテーション活用の試みについては、三つの保育園での実践例を取り上げます。そのうちの二つは名古屋市内の民間保育園で、筆者が理事を務める「社会福祉法人育ちの会あかつき保育園」と、筆者の同僚である岡田泰枝さんが理事を務める「社会福祉法人大成福祉会大生幼児園」です。

　両園ともに保育園あるいは法人全体でドキュメンテーション活用の趣旨に賛同していただき、保育者のみなさんと一緒に研究会を重ね、園児のみなさんや保護者の方々にもご協力いただいて実現することができました。初めての試みのことゆえ保育者の方々には大変ご苦労をおかけしましたが、子ども達の声を丁寧に拾いながら取り組むなかで、子どもから出発する保育実践の手がかりをつかむことができましたので、それを紹介していきます。

　三つ目の保育園は、以前、スウェーデン南部の就学前学校と交流していたことのある横浜市の「社会福祉法人聖徳会おおつな保育園」です。5歳児クラスで9月末からスタートした創作劇の取り組みにおいて、ドキュメンテーションの活用に挑戦していただきました。

　担任の保育者を代表して執筆をお願いした河野さち子さんは、2016年にスウェーデンを訪れ、ウェンドラー由紀子さんからドキュメンテーション作成について具体的な指導を受けています。最初は手探りの挑戦となり、不安や苦労が多かったようですが、時間が経つにつれて子ども達の発言や行動に新たな発見があったり、話し合いがスムーズに進むなど、ドキュメンテーションを活用したプロセスを報告していただきます。

　すでにお分かりのように、本書はスウェーデンと日本の保育関係者が共同で執筆したものです。子ども主体を基本とする日本の保育実践をさらに充実させるためには、子どもの権利の先進国であるスウェーデンの教育的ドキュメンテーションから何を学び、日本の保育現場でどのように活かすことができるのでしょうか。その課題を探る挑戦は、まだ始まったばかりです。

早速、本編に入りたいところですが、その前に「**資料1**」「**資料2**」として、スウェーデンの保育事情や本書に登場する用語について解説を致します。資料として掲載するために文体は異なっていますが、これらのことを踏まえて本書を読んでいただくとさらに理解が深まると思いますので、目を通してください。

本書は、ドキュメンテーション活用の最初の一歩となる報告にすぎませんが、ここから、日本の保育環境に適したドキュメンテーションの活用方法が発達し、日本の子ども達がより良く生きるための一助となれば幸いです。

編著者　白石淑江

資料 1 スウェーデンの保育制度の概要

1 すべての子どもに保育を保障する

　現在のスウェーデンでは、就学前のすべての子どもに、子ども自身の権利として保育を保障する制度が確立している。このような保育制度の創設は1970年代に遡る。スウェーデンには、19世紀後半から貧困家庭の子どものための保育施設（barnkrubba）と、比較的裕福な家庭の子ども達が通う幼稚園（Kindergarten）が存在していたが、1940年以降、終日保育を行うものを「daghem」（昼間の家の意）、短時間保育を行うものを「lekskola」（遊びの学校の意）と呼ぶようになった。しかし、1950年代は、まだ女性は家庭で育児に専念すべきとの考えが主流となっていた。

　その後、1960年代には高度経済成長期を迎え、女性の労働需要が増加し、保育の必要性が高まるなかで政府は保育施設調査委員会を設立した。そして、その委員会答申を受けて1975年に「就学前保育法」を施行し、異なるルーツをもつ二つの保育施設を「förskola」という名称で統一して、一元化した保育制度を確立させた。

　これにより保育施設の建設が進められるようになり、特に国とコミューンの財源による公立の保育施設が増設された。だが、働く母親の数は増加するばかりであり、保育所不足が続いたため、保育コストを抑えることも含めて民間企業の参入をめぐる議論が展開された。また、この時の議論において政府は、家庭の経済状況や民族、宗教的な背景に関わらず、すべての子どもが同じ保育施設に通うようにすべきであるとの見解を示した。そして、1985年に「すべての子どもに就学前保育を」との議案を国会に提出した。

　この法案の成立により、就学前保育は働く親や勉学を続ける親の保育要求に応えるために必要であるのみならず、子ども自身の権利としてすべての子どもに保

障されるべきであることが示されたのである。加えて、それまですべての6歳児に1日3時間（年間525時間）の保育が無償で提供されていたが、その対象を1993年には5歳児全員に広げ、さらに1994年には4歳児全員にも拡大した。

その結果、保育施設を利用する子ども（1歳〜6歳）の割合は、1980年には36%にすぎなかったが、1985年には51%、1990年には57%、そして1995年には63%に急増し[1]、ついに21世紀を迎える直前には待機児童問題を克服するに至っている。

その後、保育施設の量的ニーズを充足したスウェーデンは、社会庁の管轄下にあったすべての保育サービスを学校庁に移管するという大きな改革を行った（1996年）。つまり、希望するすべての子どもが保育を受けることができるようになったのを機に、就学前の保育を学校体系における最初の段階に位置づけたのである。

これにより、親の仕事や学業と子育ての両立支援と子どもの発達の援助の二つを目的としていた「förskola」は、子どもの育つ権利、学ぶ権利を保障する教育制度に位置づけられ、1歳から5歳の子どもが通う「就学前学校」として新たな出発をすることになった。

また、就学前の保育が教育部門に移管された2年後の1998年には「就学前学校カリキュラム」が公布されている。これは、就学前学校の任務や保育内容の方向性を示したものであり、わが国の保育指針や教育要領に相当するものである。

さらに、6歳児の「就学前クラス（förskoleklass）」を基礎学校内に移行することも定められた。基礎学校（grundskola）は7歳から15歳までを対象とする義務教育[2]であり、日本の小学校と中学校の教育に相当する。就学前クラスは義務教育ではないが、子どもが6歳の誕生日を迎える秋学期から7歳の就学まで1日3時間の教育が無償で提供されるもので、就学前教育と学校教育とをつなぐ役割が期待されている。

多くの6歳児は、就学前クラスの終了後に基礎学校の建物内や敷地内に設置された「学童保育（fritidshem）」を利用しており、その管轄も1996年に学校庁に移管されている。

なお、就学前学校以外の保育施設として「教育的保育（pedagogiskom sorg）」がある。これはコミューンの研修を受けた者が行う在宅型の保育形態であり、2009

年に名称変更されるまでは「家庭保育室（familijedaghem）」と呼ばれていた。かつて保育施設が不足した時代には、それを補う役割を果たしていた。現在は１歳〜５歳児のうち３％（2013年）が利用しているにすぎないが、個別の保育ニーズを充たしている。

また、育児休業中の親達が子どもと一緒に利用する施設として「オープン保育室（öppen förskola）」もある。これは、日本の「地域子育て支援センター」や「つどいの広場」と類似の施設であり、利用料は無料となっている。大小複数のプレイルームがあり、ダイニングキッチンでは子どもの離乳食を温めて食べさせたり、ワンコインでお茶を楽しむことができるアットホームな場となっている。

2016年の就学前学校の年齢別登録率は、１歳47.8％、２歳88.7％、３歳93.2％、４歳94.8％、５歳95.1％である。親が育児休業を１歳過ぎまで取るため１歳の登録率は低いが、その他の年齢はいずれも９割前後の高い登録率となっている。

2 家庭養育の安定を支える家族福祉施策

子どもが１歳を過ぎるまでは家庭で養育する

スウェーデンにおける保育制度の特徴として挙げられるのは、国の手厚い家族福祉施策によって家庭養育の安定が支えられていることである。スウェーデンの親達は、子どもが生まれると合計480日間（16か月）の育児休業を取得することができる。しかも、その間の収入は両親保険制度で保障されており、390日間は給与の80％が支給され、残りの90日間は１日180クローナが支給される。それゆえ、スウェーデンでは０歳児に対する保育を行っていない。

1974年に世界に先駆けて有給の育児休業制度（両親保険）を導入し、その後も段階的に休業期間を延長して、子どもが１歳を過ぎるまでは親が中心となって家庭で養育する仕組みを整えてきた。子どもの誕生から１歳を過ぎるまでは、親子

---

(1) Skolvelket, Descriptive data on pre-school activities, school-age childcare and adult education in Sweden 2006, p18.
(2) 義務教育には、基礎学校のほかに、「基礎養護学校（Grundsärskola）」、「サーメ学校（Sameskola）」（14歳から基礎学校に通う）がある。 http://www.skolverket.se/skolformer

の愛着形成にとって極めて重要な時期であり、親が子育てに専念する環境を整えることが子どもの健やかな育ちを保障するために必要と考えられている。

父親の育児休業を促進する

　育児休業は両親のどちらでも取得することができるが、男女平等社会の実現をめざすスウェーデンといえども、母親が取得する割合が圧倒的に多かった。そこで政府は、1995年に父親の育児休業の取得を促すために「パパ月」「ママ月」といった制度を導入した。これは、父親のみ、あるいは母親のみしか取得できない期間を30日ずつと定め、相互に移譲できないように義務づけたものである。

　そして、2001年には「パパ月」「ママ月」を各60日間に延長し、2016年にはさらに各90日間に延長している。加えて2008年には、夫婦が育児休業を半分ずつ取得するカップルに、男女平等ボーナスを支給する制度も設けている。

　現在では、10人中9人の父親が育児休業を取得しており、父親一人当たりの平均育児休業取得日数は91日となっている。今やスウェーデンでは、父親が子育てに関わるのはごく当たり前のことなのである。

保育料の負担を軽減する

　子どものいる家族を援助する他の制度に児童手当がある。子どもがいる家族といない家族の家計負担の不均衡を是正することを目的として、1948年に創設され

昼間の公園にはベビーカーが集まる

た。現在は、16歳未満の子どもをもつすべての家族に一律の児童手当が支給されている。支給額は第一子が月額1,050クローナ（約14,500円・2017年12月現在）、第二子には1,200クローナというように、子どもが増えると増額される仕組みとなっている。

さらに、就学前学校を利用する３歳から５歳までの子どもには、１日３時間（年間525時間）の保育が無償で提供されている。しかも、保育料は収入の３％以下とし、その月額が1,287クローナを超えないように上限額が定められている。そのため保護者は、毎月の児童手当で保育料の大半を賄うことができている。

親の働き方の調整により保育時間を短縮する

子どもの保育時間が長くならないように、子どもが８歳になるまで親の労働時間を25％まで短縮する権利も認められている。それゆえ、共働きが一般的であるにも関わらず、就学前学校の子ども達のほとんどが夕方５時までに帰宅している。夫婦が労働時間の短縮とフレックスタイム勤務などを組み合わせれば、１日の保育時間を６〜７時間に調整することが可能となる。

加えて、子どもが病気の時に利用する看護休業制度（12歳まで）もある。子ども一人につき年間最高120日まで取得することができ、給与の80％が保障されている。もちろん、医療費（歯科診療を含む）も子どもが20歳になるまでは無料となっている。

オープン保育室：育休中のパパやママの交流の場。日本の子育て支援センターに類似の施設だが、父親の参加者が多い

| 資料 2 | 本書に登場する主な用語解説 |

就学前学校（förskola）：1歳〜5歳の就学前の子どもを日中保育する施設。1975年に「フォースコーラ」という名称で福祉部門の管轄下となり、一元化された保育制度が確立された。その後、1996年の制度改革によって教育部門に移管され、学校体系の最初の段階に位置づけられた。そのため1996年以降は、日本語訳を「就学前学校」とした。英語表記は「preschool」となる。

就学前学校カリキュラム（Läroplan för förskolan [Lpfö 98 /Reviderad 2016]）：1998年に公布され、2010年、2016年に改訂された。また、2018年にも改訂が予定されている。なお、2010年改訂の英語版は2011年に公式発表されており、「ナショナルカリキュラム（NAFE）とも呼ばれている。

　わが国の「幼稚園教育要領」や「保育所保育指針」に相当するものであるが、法的な拘束力はわが国よりも強く、すべての就学前学校がこれを順守しなければならない。

　内容は、「①就学前学校の価値観の基礎と任務」と「②目標と指針」の2部から成っており、基本的な理念や保育の方向性が示されている。具体的な保育内容や方法は、各就学前学校および保育者に任されている。

保育者：本書では、就学前学校教師（förskollärare）と准保育士（barnskötare）をあわせて保育者と呼ぶ。

　就学前学校教師は、大学で学士を取得し、教員登録した者。取得単位数は計210ポイント（3年半のコース）。教師免許を有する保育者は全国の就学前学校職員の約55％を占めている。就学前教師は、保育チームのリーダーとして保育実践の責任をもつ。

　准保育士は、准保育士養成学校で1年間の教育を受けた者をいう。高校の選択科目で保育を学んだ者も准保育士として働いている。

保育チーム（arbetslaget）：スウェーデンでは、一つのグループ（日本で言うクラ

ス）を複数の保育者で担当するチーム保育の形態をとっている。1グループ12人～18人の子どもを、3人の保育者で担当するのが一般的である。

サムリング（samling）：日課のなかの「集いの時間」のことで、その活動を指す場合もある。毎朝、子ども達は輪になって座って集まり、出欠を確認したり、歌を歌ったりする。また、昨日の出来事を報告し合ったり、今日の予定についても話し合う。

　1日の終わりに集いの時間を設けているところもある。また、プロジェクト活動の途中でも、必要に応じて輪になって集まり、写真や作品などを見たりして意見を交換し合っている。

ドキュメンテーション（dokumentation）：保育者の観察メモ、録音テープ、写真、ビデオなどを用いて、保育のプロセスが見えるように作成した記録文書のこと。保育者は、子ども達の活動を観察し、子どもの言葉や会話を書き留めたり、活動の様子を写真やビデオに収めたり、子どもの制作物などを集めて記録文書を作成する。

教育的ドキュメンテーション（pedagogisk dokumentation）：記録文書としてのドキュメンテーションを資料として、これまでの活動のプロセスを振り返り、省察し、子どもの成長や学びにとってよい展開につながるように検討する活動／作業方法（arbetssätt som）のこと。

　保育者同士、または子どもと保育者の対話によるリフレクションを行って初めて教育的ドキュメンテーションと言える。ドキュメンテーションを壁に貼ったり、掲示するだけでは教育的ドキュメンテーションとは言わない。就学前学校カリキュラム（Lpfö98/2010）は、教育的ドキュメンテーションを行うことを就学前学校教師や保育チームの責務と位置づけている。

　教育的ドキュメンテーションの目的は、保育の環境や方法、保育者と子どもの関係や組織の在り方などを評価し、課題を見つけて改善していくことによって保育の向上を図ることである。

リフレクション（reflektion）：ドキュメンテーションを資料として、同僚の保育者、または子ども達と一緒に話し合い、活動のプロセスを振り返り、省察して、次の活動の展開につなげること。

ペダゴジスタ（pedagogista）：レッジョ・エミリア・アプローチの就学前学校に配置されている教育主事。就学前教師の免許を有する者で、ストックホルム・レッジョ・エミリア研究所が主催する所定のコースで学び、資格を取得した者。就学前学校全体の保育内容を掌握し、保育者のプロジェクト活動の指導、助言を行っている。

アトリエリスタ（ateljerista）：レッジョ・エミリア・アプローチの就学前学校に配置されている芸術教師。就学前教師の免許を有する者で、ストックホルム・レッジョ・エミリア研究所が主催する芸術コースを履修し、資格を取得した者。就学前学校内のアトリエで、子どもの表現活動の指導を行うとともに、各クラスのプロジェクト活動にも関わる。

野外就学前学校（I Ur och Skur Förskola）：スウェーデン野外生活推進協会の認定基準をクリアした就学前学校で、全国に約200校ある。「森のムッレ教育」を基盤としたプログラムを実施している。

もくじ

はじめに （白石淑江）　i

資料1　スウェーデンの保育制度の概要　vii

資料2　本書に登場する主な用語解説　xii

序章　スウェーデンの保育と教育的ドキュメンテーション　3
（白石淑江）

1　教育的ドキュメンテーションとは何か　3

2　子どもの参加と教育的ドキュメンテーション　6

3　子どもの発達と学びの援助と教育的ドキュメンテーション　9

第Ⅰ部　スウェーデンにおける教育的ドキュメンテーション　13

第1章　スウェーデンの就学前教育における子どもの参加　14
（Ingrid Engdahl）

1　子どもとは　14

2　子ども観の特徴　16

　　リサイクル──発明の出発点　17

　　子どもの参加する権利　21

　　同じ視点を分かち合い、子どもの参加を可能にする　23

　　子ども主体のアプローチ　25

もくじ xvii

第2章 教育的ドキュメンテーションの実践　28
（Jane Wensby）

1 教育的ドキュメンテーションの流れ　28
2 ドキュメンテーションを読む観点　33
3 ドキュメンテーションの共有　33
4 就学前学校におけるフォローアップ、評価、発展　38
　　主体性　39
　　違い　39
　　協同　39
　　話し合い　40
　　学びは変化、発達する　40
　　環境と材料　41
　　同僚との学び　41
　　小さなグループでのプロジェクト活動　41
　　喜び　42
5 エーネン就学前学校のフォローアップ、評価、発展　42
　　エーネン就学前学校での取り組みを振り返って（私のリフレクション）　43

第3章 アトリエリスタの視点とプロジェクト活動　45
（Emma Lindgren）

1 アトリエリスタの視点から　45
　　子ども達とともに　46
　　アトリエリスタの知識の用い方　48
　　アトリエリスタとして気を付けていること　48

子ども達の学びとアトリエリスタのあり方　49

2 **絵本の世界から始まるプロジェクト活動**　51

ヴァーガヴィリアの紹介　51

プロジェクト活動について　53

3 **プロジェクト活動の実践**　56

子ども達の興味関心を探る　56

様々な概念の理解へつなげる　58

夏の課題から学びを広げる　60

分かち合い、育ち合う　64

子ども達の学びの集大成として　65

プロジェクトでの保育者の役割　68

第**4**章　保育者にとっての教育的ドキュメンテーション　69
（ウェンドラー由紀子）

1 教育政策の変化が理由で学び直し　69

2 大学で教育的ドキュメンテーションをどのように学んだか　70

3 大学を卒業したあとの実践にあたって　71

4 日本で教育的ドキュメンテーションを始めるにあたって考えること　74

5 教育的ドキュメンテーションによって保育のあり方がどのように変わったか　77

6 実践事例──ピノと一緒に文字を集めよう　78

３種類の保育活動　79

名前も書けなかった子どもが、14個の単語が分かるようになった　80

ピノの登場　84

お別れ会を開催　90

7 日本のよさを生かした教育的ドキュメンテーション　92

もくじ xix

第5章 「森のムッレ教育」と教育的ドキュメンテーション 97
（高見幸子）

1 「森のムッレ教育」の理念 97
リーダー養成講座 98
「マズローの欲求5段階説」を基盤にした「自然の階段」 99
三つの発展段階 101

2 森のムッレ教育のプログラム概要 103
森の妖精ムッレとは？ 103
一緒に遊ぶ 104
自然を大切に 104
どんな天候でも野外 105
自然のなかで生命を体験する 105

3 野外就学前学校における実践事例 106
最も重要な目標は自然感覚 107
環境意識 107
環境対策 108
チェレンジと可能性 109
リフレクション 110
森のムッレ教室を行ったあとのリフレクションの事例 111

4 日本で実践するにあたっての提案 115
保育の現場で「森のムッレ教室」を展開することの意義 118
日本で森のムッレ教育を展開する際の課題 119
日本で教育的ドキュメンテーションを展開する強み 120

第Ⅱ部　日本の保育園での教育的ドキュメンテーションの試み　123

第1章　スウェーデン人から見た日本の保育　124
（イングリッド・エングダール）

1 二つの伝統をあわせもつ　124
2 子どもの数　126
3 豊かな戸外の環境　127
4 子ども主体の保育　130

第2章　試行的実践から見えてきたこと
　　　　——新しい目で子どもや保育を見るために　132
（白石淑江、鋪田敦子、川口真美、飯田里恵、則竹美咲、ジェーン・ウエンズビィ）

1 自主研究会の発足　132
2 試行的実践（1）——小さな活動をつなぐ　133
3 ドキュメンテーション活用に関する学び（1）　136
　　小さな活動をつなぐ——保育者の省察　136
　　子どもの声を聞くこと　137
　　同僚との話し合い　138
　　保育目標、保育計画との整合性　138
4 試行的実践（2）
　　　——小さな活動をつなぎ、クラス全体の活動へ　139
5 ドキュメンテーション活用に関する学び（2）　154
　　子ども主体の活動を促すツール　154
　　活動の主題や枠組みを定める　156
　　探究的な活動を深めるために　159
6 日本なりの活用をめざす　160

もくじ xxi

第3章 教育的ドキュメンテーションで保育が変わる 161
（岡田泰枝）

1 ドキュメンテーションの取り組みに向けて 161
2 1年目の試み 162
3 少しずつの変化 169
4 子どもの学びをひろいつなげる 172
　テーマを見つける 173
　活動の発展 175
　さらなる発展へ 178
　プロジェクト活動「映画館ごっこ」のクライマックス 183
5 プロジェクト活動に取り組んだ2人の保育者の言葉 186
　コメント（1） 186
　コメント（2） 187
6 ドキュメンテーションとの関わり 188

第4章 ドキュメンテーションを活かした創作劇の取り組み 191
（河野さち子、中田愛、浅沼貴之、白石淑江）

1 手探りの状態でスタート 191
2 みんなで話し合い、創作劇の枠組みを決める 193
3 グループごとに担当する国の特徴や料理を調べる 196
　フランス 196
　イタリア 197
　アメリカ 198
　日本 200
4 グループで話し合って配役を決める 201

xxii

5 製作（国旗作り、料理、観光スポット）、踊り、セリフ　202

フランスパン作り（フランス）　202

エッフェル塔作り（フランス）　203

ピザ、ワイン、チーズ作り（イタリア）　205

ピサの斜塔作り（イタリア）　206

アメリカの国旗作り（アメリカ）　206

おせち料理作り（日本）　207

節分の豆作り（日本）　209

6 劇の発表　210

セリフの練習　210

踊りの振り付け　211

7 子どもと一緒に創作劇に取り組んで　214

時間をかけて子ども達と話し合いながら進めること　214

アイディアを出し合い、協力して製作に取り組むこと　216

ドキュメンテーションを活用して　218

8 実践報告に寄せて　219

子どもと保育者が認め合う関係　219

グループでの話し合い　220

子どもの意欲や主体性を引き出す　221

おわりに――ドキュメンテーションを教育的ドキュメンテーションへ

（白石淑江）　223

参考文献一覧　229

執筆者紹介　232

※写真の掲載についてのお断り：本書に掲載された写真については、スウェーデンでは就学前教師の責任で、また日本では各保育園の責任のもとで、該当クラスの子どもの保護者全員に理由を説明し、個別に書面で承諾の意思を確認しております。もちろん、保護者が掲載を望まなかった写真については、それを除くなどといった配慮をいたしました。みなさまのご協力に、心より感謝を申し上げます。

スウェーデンに学ぶドキュメンテーションの活用
——子どもから出発する保育実践——

序章 スウェーデンの保育と教育的ドキュメンテーション　(白石淑江)

1 教育的ドキュメンテーションとは何か

　わが国の保育関係者の間で「ドキュメンテーション」という言葉が知られるようになったのは、北イタリアのレッジョ・エミリア市（Reggio Emilia）での教育実践が紹介されてからのことです。アメリカの「ニューズウィーク」誌（1991年12月）で、レッジョ・エミリアの幼児学校が世界で最も先進的な学校の一つと紹介され、わが国でも2001年に東京でその展覧会が開催されました。そして、ほぼ同時期に、アメリカで出版された『子どもたちの100の言葉』の日本語訳が出版されています。

　ドキュメンテーションはレッジョ・エミリアにおける教育実践の主要要素であり、この本のなかにも何度も登場しています。しかし、明確な定義を読み取ることはなかなか難しく、筆者は最初、ドキュメンテーションとは、保育者が聞きとった子どもの会話や観察記録、活動場面を撮った写真やビデオ、子どもが表現した様々な作品などを集めて、保育のプロセスを見えやすくした記録文書のことである、と思っていました。しかし、どうやら単なる「文書」という意味だけではないようだと思うようになりました。

　前述した本に掲載されている対談でC・リナルディ[1]は、「私たちの観察は、どうしても部

C. エドワーズ、L. ガンディーニ、G. フォアマン編／佐藤学、森眞理、塚田美紀訳、世織書房、2001年

分的に偏っていますから、どのように読み込んでいくかという痕跡を残しておくことが不可欠です」と述べ、その痕跡を「メモ、観察チャート、日誌やその他、物語りの形式を、録音テープ、写真、スライドやビデオテープ等」とともに記録し、「子どもの学びの過程、すなわち、知識、情緒や人間関係の観点を創造する道のりを見えるようにします」（前掲書、181ページ）と語っています。

　この説明からすれば、やはりドキュメンテーションは、保育実践の「痕跡」を残したもの、つまり「記録文書」であると言えます。しかし、彼女の説明はそこで終わらず、さらに続きます。

「すべてのドキュメンテーションは部分的な結果と主観的な解釈の提供に限られており、用いた手段により偏見があることも、覚えておくことが大切です。ドキュメントは再度読み取りを行う他者、殊に同僚と討議されなければなりません」

「ドキュメンテーションは、互恵的な学びの過程です。子どもが学ぶ方法を分かち合えるドキュメンテーションを通して、私たちは足跡を残し、教師が専門家として成長するという最も興味があり進歩した瞬間を収めておけるのです」（前掲書、181ページ）

　これらの説明からすれば、ドキュメンテーションとは、単に保育実践を記録するためだけではなく、それを資料として同僚と討議し、相互に学びを深めるためのものであることが分かります。しかも彼女は、それは保育者の学びを深めるだけでなく、子どもにとっても「自分の学びの痕跡を辿り、確認または交渉の発見、そして自己修正する機会を提供」するものであると続けています。

　また、同書のなかでリリアン・G・カッツ（Lilian G.Katz・イリノイ大学教授）は、「ドキュメンテーションの導入は、レッジョ・エミリアの幼児教育に四つの基本的で重要な改善をもたらした」（前掲書、55〜57ページ）とも述べています。その四つの改善を要約して紹介しましょう。

　第一は、子ども達の学びの広さや深さに貢献していることです。子ども達は、ドキュメンテーションによって自分が達成したことの意味を見つめると、一層好奇心と興味と自信を抱くようになっています。

第二は、親が、自分の子どもの幼児学校の体験を意識し、理解することを可能にしていることです。

　第三は、ドキュメンテーションは教師の研究として大切なことであり、子どもの経験における自分の役割、また教師としての意図と理解について注意を鋭敏にさせ、焦点化していることです。

　第四は、標準テストやチェックリストでは証明できない、子どもの学びや進歩についての情報を提供するものであるということです。

　以上のことから、ドキュメンテーションは、子どもの活動や保育実践を可視化した「記録文書」のみを意味するのではなく、それに連動する多様な教育的活動をも含む言葉であると言えます。そしてスウェーデンでは、この教育的な活動を「教育的ドキュメンテーション（pedagogisk dokumentation）」と呼んでいます。

　例えば、スウェーデンの学校庁発行の手引書「就学前学校におけるフォローアップ・評価・発展－教育的ドキュメンテーション」では、教育的ドキュメンテーションは、保育者同士、または保育者と子どもの対話とリフレクションによる教育的活動であるとしています。

　手引書によれば、教育的ドキュメンテーションは、保育者が子ども達の間で起こっていることに聞き耳を立て、それを記録し、見える形にするところから始まります。保育者はこれを基に、子ども達が興味をもっている疑問や課題、様々な経験から得ている知識などを読み取ります。

　次に、その記録（ドキュメンテーション）を資料として子ども達と起こったことを振り返り、話し合いを行います。子どもも大

学校庁が発行している手引書の表紙

---

(1) （Carlina Rinaldi）「レッジョ・チルドレン」の幼児学校と乳児保育所のディレクター、科学コンサルタントを務める。

人もその出来事に関わったすべての人は、写真や録音やその他のものを通じて
その出来事を「再訪問」することができ、出来事を追体験したり、その状況と
再び取り組むことができます。

　そして、そこから活動を続けるか、またはこの後どんな可能性があるかを話
し合います。また保育者は、子ども達の様々な疑問や問題を探究するための環
境をどのように整えていくかなど、その後の活動をプランニングします。

　このように教育的ドキュメンテーションは、子どもの間で起こった出来事と、
今、そしてこれから起こることをつなぐ作業方法であり、エンジンのごとく子
どもとの活動を前に推し進める働きをしています。それゆえ手引書では、「教
育的ドキュメンテーションは、活動の活性剤、もしくはエンジンとして機能す
る」と述べています。

　以上のことから、スウェーデンの「教育的ドキュメンテーション」とは、保
育を可視化した記録文書としてのドキュメンテーションを意味するのではなく、
それを教育的に活用することを重視し、その活動を意味する用語であると言え
ます。

2 子どもの参加と教育的ドキュメンテーション

　スウェーデンのドキュメンテーションの考え方は、レッジョ・エミリア市に
おける幼児教育の影響を受けています。それは、1981年に世界に先駆けて、ス
トックホルムでレッジョ・エミリアの展覧会が開催されたことから始まりまし
た。最近になって人口が1,000万人に達したというこの国で、当時の展覧会に
約９万人のスウェーデン人が訪れたと言いますから、その関心の高さがうかが
われます。

　また、その５年後にも２回目の展覧会が開催されたほか、約10年間に保育者
や研究者、行政関係者など約3,000人がレッジョ・エミリア市を視察したほか、
本やフィルムも数多く出版されたと報告されています[2]。

　そのような関心の高まりのなかで、1993年、スウェーデン政府はレッジョ・
エミリアの幼児教育関係者の協力を得て、実践的な研究をスタートさせました。

レッジョ・エミリアからインスピレーションを得たこの実践的な研究は、「ストックホルム・プロジェクト」[3]と呼ばれ、その後4年にわたって継続され、その成果は、1998年に公布された就学前学校カリキュラムに盛り込まれました。

第Ⅰ部第1章の執筆者であるエングダール氏は、このカリキュラムによって「子どもを固有の権利を有する一人の人間として認め、子どもにも大人と同等の価値があり、大人も子どもから学ぶことがたくさんあるとする見方が提案された。子どもは、活動的で意思を持つ主体である。生まれたその時から子どもは世界を捉え理解しようとし、永遠に発展する学びのプロセスを進めていく。彼らの知識は彼ら自身の体験の中から生まれ構築される」[4]と述べ、新たな子ども観への転換を評価しています。

しかし、子どもは一人の人間であり、学びの主体者であるという見方は、レッジョ・エミリアの影響というよりは、むしろこの国の子ども観、保育観であったと言うべきでしょう。

前述した「ストックホルム・プロジェクト」では、スウェーデンとレッジョ・エミリアの政策や経済社会状況、価値観などを比較調査しており、両者の間には家族政策とその理念、子ども観、教育観において高い共通性が認められることが報告されています[5]。

スウェーデンは、国連総会における「子どもの権利条約」の採択（1989年12月）に尽力した国の一つであり、翌年、すぐに同条約を批准しています。また、1993年には子どもの権利を社会に浸透させるために「子どもオンブズマンに関する法律」を公布し、施行しています。就学前保育を教育体系に位置づける改革は、このような動向のなかで実施されたのです。

「子どもの権利条約」では、守られる対象から権利行使の主体へと子ども観が転換され、子どもは社会の一員であり、権利の主体として尊重されねばならな

---

(2) G. Dahlberg, P. Moss & A. Pence, Beyond Quality in Early Childhood Education and Care, Falmer Press. 1999. p123.

(3) 前掲(2) pp126-143.

(4) イングリド・エングダール「就学前学校カリキュラムの施行をめぐって」、白石淑江『スウェーデン　保育から幼児教育へ』かもがわ出版、2009年、181ページ。

(5) 前掲(2) pp124-125

いことが明確に打ち出されました。つまり、子どもは自分に関係する事柄について思いや意見を言うことができ、大人と同様にその生活に影響を与えることができると考えられるようになったのです。これは、「子どもの参加する権利」と言われています。

スウェーデンでは、就学前学校の第一の任務は、民主主義の価値観を定着させることであるとされており、子どもが民主主義とは何かを学ぶためには、就学前学校で様々な意思決定に参加するという体験が必要であると考えられています。それゆえ、就学前学校カリキュラムには「子どもによる影響」という節が設けられており、そこには、保育者の役割として子どもが自分の意見を表現する機会を設け、民主的な方法で日々の生活に参加できるよう援助することが挙げられています。

実際に、スウェーデンの就学前学校を見学すると、子ども一人ひとりが自分の考えや意見を述べ、話し合いをする「サムリング」（**資料2**参照）という集いの時間をたっぷりとっていることに気付かされます。保育者は子どもの意見に耳を傾け、その声を活動に反映させることを大切にしているのです。

子どもは生まれた時から自分の欲求を表し、周りの人に働きかけて、その欲求を充たしてもらいながら成長していきます。しかし、自分の欲求や思いを、大人と同じような言葉で表現することはできません。子どもの言葉をどう理解するかは、周りの大人や保育者にかかっています。

保育者が子どもの言葉を適切に理解するためには、専門的なスキルが必要となります。スウェーデンでは、保育者が子どもの声を聞いて、それを保育に活かすための活動方法として教育的ドキュメンテーションを導入したのです。

ドキュメンテーションは、子どもの言葉や行動を記録し、そこで起こったことや、保育者と子ども、あるいは子ども同士の関係を見えやすくするものです。保育者はこれを資料として、保育チームの同僚とリフレクションして、子どもの言葉や行動を振り返ったり、活動のプロセスを省察して次の計画を立てるのです。また、それを子ども達と一緒に見ながら、言葉の意味を確認したり、新たな思いやアイディアを引き出すリフレクションを行っており、この活動を「教育的ドキュメンテーション」と呼んでいます。

序章　スウェーデンの保育と教育的ドキュメンテーション　9

子どもと保育者が一緒にリフレクションを行う（ソフィエルンド学校付属就学前学校）

　スウェーデンでは1970年代から対話教育法が取り入れており、保育者は子どもを尊重することを基本姿勢とし、子どもの好奇心や学習意欲、能力を信頼し、対話を重視する保育をめざしてきました。そして、その伝統のうえに、レッジョ・エミリアの教育哲学者ローリス・マラグッツィ（Roris Malaguzzi）の「子どもは100の言葉をもっている。けれども、そのうちの99は奪われている」という子ども観に出合い、その実践からの学びをスウェーデンの保育に活かすための実践的研究を行いました。これが、前述した「ストックホルム・プロジェクト」です。そして、その成果が、子どもの意見表明権や参加する権利など、子どもの権利条約の新しい子ども観と融合して、就学前学校カリキュラム（Lpfö 98）の主要な理念として位置づけられたのです。

3　子どもの発達と学びの援助と教育的ドキュメンテーション

　スウェーデンの保育は、一元化された保育制度を確立した時から、ケアと教育を一体的に行うエデュケア（educare）の理念に基づくとともに、遊びを通した学びを促し、子どもの全体的発達をめざしてきました。しかし、就学前学

校カリキュラム（Lpfö98）では、「今日のように数多くの情報が飛び交い、急速なテンポで変化する社会では、コミュニケーション能力や新しい知識を探し出す能力、そして協力する能力が必要である」という認識に立ち、生涯の学びの基礎をつくることを重視しています。

　また、学びの援助の方法については、「子どもの経験世界、関心、動機、知識を求める衝動から出発しなければならない。子どもの遊びや他者との協調、探究と創造を通して、さらには、観察したり、話し合ったり、反応することを通して知識を獲得していく。テーマ活動（temainriktat arbetssätt）によって、子どもの学びに多面性と相互の関連性をもたせることができる」と述べています。つまり、子どもの興味から出発する活動を通して子どもの学びを深めること、またその方法としての「テーマ活動」[6]が推奨されているのです。

　テーマ活動とは、スウェーデンで発達したプロジェクト型の保育方法のことであり、子どもの身近な事象からテーマを選定し、そのテーマを数か月から1年という長期にわたって探究していく活動です。1970年代から広く実施されて

子どもたちが大好きな「3匹のがんがらどん」のプロジェクト活動で絵本のお話を人形を使って楽しむ（オルゴナ就学前学校）

いた方法ですが、レッジョ・エミリアにおける幼児教育の影響を受けて、教育的ドキュメンテーションによる新たな実践モデルが推奨されるようになりました[7]。

そして、2010年の就学前学校カリキュラム（Lpfö98）の改訂において、「フォローアップ、評価、発展」[8]の節が新設され、子どもの発達と学びのプロセスをドキュメンテーションを資料としてフォローアップし、同僚や子どもとの対話によって評価、分析、発展させていくこと、つまり教育的ドキュメンテーションを行うことが、就学前学校教師および保育チーム（**資料2参照**）の仕事であると記されました。

また、発達と学びのプロセスを分析する際には、「子どもがどのように物事を探究するか、疑問をもつか、経験をするか、関与するかという知識が必要であり、また、子どもの知識がどのように変化するか、子ども達がどんな時に就学前学校を楽しく、面白く、意義があると感じるかについての知識も必要である」と、子どもの視点に立つことを強調しています。

「評価」と聞くと、何らかの規準に従って子どもの発達や学びの到達度を判定し、評価することと思いがちですが、スウェーデンにおける評価の目的は、就学前学校での保育が子どもの発達と学びにどのように寄与しているかをフォローし、その実践の質を改善する課題を得ることなのです。そこには、保育の質の責任はあくまでも子どもの育ちを保障する側、つまり自治体や就学前学校、保育者にあるという明確な姿勢が読み取れます。

ストックホルム・プロジェクトのG・ダールベリィらも、保育者にとっての教育的ドキュメンテーションの意義を次のように述べています。

「ドキュメンテーションは、私達がどのように子どもとの関係を築いているかということや、保育者としての自分自身のありようを語るものである。その結果、自分が実践している間にあったことを、どう理解し『読み取っている』の

---

(6) I. プラムリン、E. ドヴォルボリ／泉千勢訳『テーマ活動　その理論と実際』大空社、1998年、105〜121ページ。

(7) 白石淑江「テーマ活動とドキュメンテーション」、白石淑江・水野恵子『スウェーデン保育の今』かもがわ出版、2013年、56〜62ページ。

(8) Skolverket, Läroplan för förskolan (Lpfö 98n), Reviderad 2016, p14

12

かを分からせてくれる。そう考えると、保育者としての私が記述したことは、これらの要素を含んだ記録であることは明らかである。そして、その記録は、自由に議論したり検討したりする研究資料になる。つまり、教育的ドキュメンテーションを通して、子どもとの別の関わり方が見えてくる。こうした見方からすると、教育的ドキュメンテーションは自己省察による物語であると言える。また、自己省察を通して自己認識も行われる」[9]

　保育者や保育チームにとって、教育的ドキュメンテーションは保育という創造的な仕事をしていくための重要な手段なのです。

---

[9]　G. Dahlberg, P. Moss & A. Pence, Beyond Quality in Early Childhood Education and Care, Falmer Press. 1999.p147.

第 I 部

スウェーデンにおける教育的ドキュメンテーション

サムリング（オルゴナ就学前学校）

第1章 スウェーデンの就学前教育における子どもの参加

イングリッド・エングダール
(Ingrid Engdahl) 白石淑江訳

　この章では、「国連・子どもの権利条約（UNCRC, UN, 1989）」とスウェーデンの学校庁が発行している「就学前学校カリキュラム（Lpfö98、ナショナルカリキュラムとも呼ばれる。改訂英訳2011年。以下 NAFE）に基づいて、スウェーデンの就学前教育の子ども観について述べていきます。あわせて、就学前学校での実践例もいくつか紹介していきたいと思います。

1 子どもとは

　子どもに対する見方は、この数十年間で劇的に変化しました。新たな研究結果に基づいて、今では幼い子どもを「有能で活動的な存在であり、一人の市民である」という概念で説明することが一般的となっています。
　私が研究調査で訪れた、スウェーデンの公立就学前学校の1歳児のエピソードを紹介しましょう。登場人物はモリー（Molly・23か月）という女の子です。
　彼女は食堂の中を歩き回り、レンジのスイッチをいじったりしていました。食堂の壁には子ども達の描いた絵が貼られてありましたが、モリーは床の上に1枚の絵が落ちていることに気付きました。その絵を拾った彼女は、私のほうを見て近づいてきました。そして、ふと立ち止まり、後ろを振り返って壁のほうに行き、絵を壁に押し付けました。しかし、彼女は絵を貼ることができませんでした。
　「モニャモニャ」とつぶやいたモリーは、再び私のほうに歩いて来ました。その途中で椅子の背もたれに、その絵を貼り付けようとして押し付けましたが、やはりうまくいきませんでした。その絵を持って私の所にやって来たモリーは、絵を掲げて壁のほうを見てから、また振り返ってこちらを見ました。そして、

私に何やら訴えました。

「あなたはそれを壁に貼りたいのね。お手伝いしましょうか？」と、私は尋ねました。モリーが「ムニャムニャ」と答えたので、私はそれを壁に貼りました。「これでいいですか？」と尋ねるとモリーは「ムウ」と言い、壁のほうを指さしてうなずきました。そして、しばらくの間そこに立って絵を眺めていました。

モリーは床に落ちた1枚の絵を拾い、それがあった所に戻そうと自ら行動を起こしたのです。言うまでもなく彼女は、保育室という環境に貢献したことになります。このエピソードは、就学前学校カリキュラムに掲げられている目標の一つを物語っています。

> 就学前学校は、一人ひとりの子どもが、就学前学校の環境や自分自身の行動に責任をもつための能力を発達させるように努めなければならない。（NAFE, 2011, p12）

このエピソードで特に強調したいことは、モリーが2歳にも満たない子どもであるという事実です。彼女は、幼いにも関わらず環境についてよく認識しており、美的感性をもっているだけでなく要求の仕方まで知っていることから、有能であることが分かります。

また、彼女は自由に室内を移動し、活発に物や人と関わっていますし、失敗を繰り返しながらも、絵を壁に貼るという自らに課した仕事に集中しています。モリーは、よく知らない大人に対しても、今、自分がしたいことを表現することができる社会的能力や認識力をもっていることが分かります。

彼女の母語はスウェーデン語ではありません。しかし、私に助けを求めるだけのコミュニケーション能力をもっていることが分かります。また、最後にモリーが確認するようにうなずいたことも、その動作がインターナショナルなものであり、有能であることをはっきりと示していると思います。

残念なことに、このような保育を実践しているスウェーデンでも、モリーのように環境に配慮し、責任ある行動をとることができない十代の若者達が学校内で問題を起こしているという事実もあります。

16 第Ⅰ部 スウェーデンにおける教育的ドキュメンテーション

2 子ども観の特徴

この事例は、子どもは社会の一員であり、目的や意思をもって行為する主体であることを物語っています。子ども時代は、社会的分類や学習分野において特別な位置にあります。子ども達は、就学前学校や彼らを取り巻く社会的文化的な伝統という影響を受けながら、子ども時代をどのように生き、何処に向かって成長していくのでしょうか。サマー（Sommer）という研究者は、子ども観の変遷を**表1-1**のように説明しています。

表1-1　子ども観の変遷

From（〜から）	To（〜へ）
大規模な普遍的理論	部分的小理論
普遍的な知識	文化的、歴史的な関連知識
中立的な、熟練者	専門的な意見
家族中心	ネットワークによる人間関係
母親が中心の世界	様々な個人の世界
年齢や段階に即した発達	文化的、社会的、個人の能力の発達
社会化	行為者としての子ども
励ましとティーチング	探究とアクティブ・ラーニング

出典：Sommer（1997）をもとに筆者作成。

表1-1からは、子ども達がどのような存在と見なされているのか、彼らは何をすることが期待されているのか、どのような道筋を辿って発達すると考えられているのかなど、子ども達の置かれている状況を知ることができます。

人間も環境も、身体的な発達や人との交流、その他の経験によって変化していきます。子どもを社会的な存在として理解する際に重要なことは、子ども時代は、特定の場所や時間、そして文化の影響を受けると同時に、家族や就学前学校の状況にも左右されるということです（Sommer et al., 2010）。

子ども観の転換点については、子どもを人間と見なすか、人間になっていく

ものと見なすかについての議論が可能となります[1]。かつて子どもは、人間になるものと見なされており、それは発達心理学に基づく尺度と関連づけられていました。子どもを一人の人間と見なすことは、今、ここで何が起こっているのかという状況に視点を移すことになります。それは、子どもを個人的または集団的な行為の主体と見なすことに関連しています。彼らの興味や能力は重要であり、十分に考慮されなければなりません（Martin-Korpi, 2007）。このような考え方は、就学前学校カリキュラムでも強調されていることです。

> 探究心や好奇心、学ぶ意欲は、就学前学校での活動の基盤を成している。子どもの経験や関心、要求や意見、考えやアイディアは、多様な学びに活かされるべきである。（NAFE, 2011, p.9）

　子どもを人間として認めるということは、基本的に、子どもを取り巻く状況に影響を与える権利をもった主体として尊重するということです。一方、子どもが達成する目標に焦点を当てれば、これから人間になっていく不完全な存在として子どもをとらえることになります[2]。このような子ども観の変化は、「国連子どもの権利条約」に基づくものです。

リサイクル——発明の出発点

　次ページに示した**図１－１**は、就学前学校５・６歳児が行ったリサイクルに関するプロジェクトで使用したものです。保育者達は、世界幼児教育・保育機構（OMEP）[3]が企画した「持続可能な開発のための教育（Education for Sustainable Development：ESD）」の大きなプロジェクトに参加しました。このプロジェクトでは「RE」で始まる七つの概念が導入されており、保育者達は

---

[1] Clark, Kjörholt & Moss, 2005; Dahlberg & Moss, 2005; James, Jenks & Prout, 1998; Sommer et al., 2010.

[2] Dahlberg & Moss, 2005;Eriksen-Ødegaard, 2007; Halldén, 2009.

[3] （Organisation Mondiale Pour l'Éducation Préscolaire）第２次世界大戦直後、ヨーロッパで幼児教育に携わっている人々が、国境を越えて子ども達のために協力することを目的として創設された国際機関。ユネスコの協力機関でもあり、現在56か国が加盟している。

図1−1　OMEPのESDプロジェクト（パート2）

出典：Engdahl et al., 2012

　その考え方に触発され、子ども達はその言葉から様々なことを思い浮かべる機会を得ました。
　子ども達が玩具や教材を大事に扱っていないと感じていた保育者達は、再利用やリサイクルのことを取り上げたいと思っていました。そこでプロジェクトは、リーダーである保育者が次のような質問を子ども達にするところから始まりました。
「私達の就学前学校に、何か持続可能でないものがあるかしら？　再利用できるものやリサイクルできるものを捨ててしまっていないかしら？」
　そして、保育者達は、このプロジェクトを就学前学校カリキュラムに書かれている以下の目標に関連づけることにしました。
・子ども達が、科学について問題を提起したり、考える能力や、識別したり、調査したり、言語化する能力を発達させる。
・日常生活のなかで科学技術に気付き、簡単な科学技術がどのように機能しているかを探究する。
・色々な材料や道具、技術を用いて、組み立てたり、構成したり、創造する

能力を発達させる。(NAFE, 2011, p.10)

保育者達は、子ども達と材料や消費について話し合いました。そして、分別収集する期間を決めて、親達にリサイクルできる物を就学前学校に持ってくるように頼みました。それからみんなで組み立てたり、発明することについて話し合って、プロジェクトの準備を整えました。早速、子ども達は、自らのアイディアを絵に描いて示し、説明をしました。

新発明として、ある子どもが機械の絵を描きました。保育者はその発明について質問することで、子どもの創造力を促しました。「それはどんなふうに動くの？」とか「作ってみせてくれない？」と問いかけたことで、子どもの創造力とファンタジーの世界が広がったのです。子どもの発明を紹介しましょう。

発明案を絵に描く

　私の機械は太陽をサポートして、太陽は暖かいエネルギーでこの機械をサポートするの。内側には、古い洋服から新しい洋服を作るミシンがあるの。そこに行って、ズボン、セーター、ジャケット、手袋を注文することができるの。こっちは、お金と楽器を作るところ。そして、3番目の所ではきれいな空気を作るの。汚れた空気を吸い込んで、それをきれいにして新鮮な空気を出すのよ。お金や洋服や新鮮な空気が必要な人は、誰でもここに来てそれを持って行くことができるんだ。
（女の子・6歳）

この活動では、子ども達はあらゆる材料を上

発明した機械

20　第Ⅰ部　スウェーデンにおける教育的ドキュメンテーション

手に使っていました。保育者はその材料の使い方を見守っていたのですが、伝統的で創造的な芸術素材とともに様々な材料を並べたことが子ども達の創造性を高め、プロジェクトを有意義なものにするきっかけとなりました。

　このプロジェクトでは、子どもは絵を描くことによって、そして保育者は、記録、写真、作品の展示によってドキュメンテーションを作成しました。就学前学校カリキュラムには、子ども達の学びや発達をフォローする手段として、ドキュメンテーションを作成することが規定されています。

> 　ドキュメンテーションを作成し、フォローアップして、分析することは、子どもの能力や知識がどのように変化しているかを、就学前学校が提供する学びと発達のための条件や目標との関連性をとらえることである。
> 　ドキュメンテーション、フォローアップ、質に関する組織的な評価の結果は、子ども達の学びや成長の機会と就学前学校の質の発展に活かされる。（NAFE, 2011, p.15）

　さらに就学前学校カリキュラムでは、教育的ドキュメンテーションは、就学前教育における子どもの参加を確実なものにする重要な方法であり、就学前学校での出来事について保護者とコミュニケーションをとる方法でもあると説明しています。

> ・ドキュメンテーションや評価においては、子ども達がどこでどのように影響を与える経験ができたのか、彼らの視点、探究心、疑問やアイディアがどのように発揮されたのかなど、子どもの参加と影響について検討する。
> ・評価において、保護者はどのような影響を与えることができたのか、また保護者の視点はどのように活かされたのかを検討する。（NAFE, 2011, p. 15）

　絵に描いた機械を製作する過程では、新しい概念、単語、技術が、子ども達

や保育者、保護者の間で発展しました。就学前学校だけではなく、家庭や図書館、インターネットなどが頻繁に利用されました。このプロジェクトは保育者から始まったものですが、子どもを中心とした学びのよい事例となりました。

子どもの参加する権利

「国連子どもの権利条約」は、子どもに関わる専門家だけでなく、子どもの権利や市民権のことを考える政治家や政策立案者のパラダイム転換に貢献しています。もちろん、「国連子どもの権利条約」はその全文が読まれるべきですが、第2条、第3条、第6条、第12条の四つが基本になっていると思います。

第2条1：差別の禁止
締約国は、その管轄の下にある児童に対し、児童又はその父母若しくは法定保護者の人種、皮膚の色、性、言語、宗教、政治的意見その他の意見、国民的、種族的若しくは社会的出身、財産、心身障害、出生又は他の地位にかかわらず、いかなる差別もなしにこの条約に定める権利を尊重し、及び確保する。

第3条1：児童に対する措置の原則／児童の最善の利益
児童に関するすべての措置をとるに当たっては、公的若しくは私的な社会福祉施設、裁判所、行政当局又は立法機関のいずれによって行われるものであっても、児童の最善の利益が主として考慮されるものとする。

第6条2：生命に対する固有の権利
締約国は、児童の生存及び発達を可能な最大限の範囲において確保する。

第12条1：意見を表明する権利
締約国は、自己の意見を形成する能力のある児童がその児童に影響を及ぼすすべての事項について自由に自己の意見を表明する権利を確保する。この場合において、児童の意見は、その児童の年齢及び成熟度に従って相応に考慮されるものとする。（以上、日本の外務省訳を引用）

これら四つの条文に基づけば、市民であり社会の一員としての子どもの立場

は、しっかりと国際法に根差したものだと言えます。あわせてこの条文は、自分達に関係する事柄について積極的に取り組み、就学前学校を含めた日常生活において意思決定に参加する権利を子どもに与えています。

また、教育についての権利（第28条）と休息、余暇及び文化的生活に関する権利（第31条）は、子どもの権利を家庭や家族の外に広げるものとなっています。そして、国連子どもの権利委員会は、「一般的意見12号（CRC, 2009）」において子どもの参加する権利をさらに発展させるように勧告しました。

さらに、国連の2015～2030年における「持続可能な開発の目標（UN, 2015）」では、加盟国が初めて初等教育の開始に関する権利を世界共通の目標として掲げました。加えて、第13条（表現の自由）では、子どもの表現の自由、および国境との関わりなく、子どもがあらゆる種類の情報や考えを求め、受け、伝える自由を有する、と述べています。したがって、今日の保育者の仕事は、多様な方法で子どもを援助することであり、子どもが自分の意見を表現する自由を実現するとともに、子どもに関係する事柄の決定に参加できるようにすることとなります[4]。

以上の原則は、就学前学校カリキュラムのなかに記載されている「目標と指針」にも盛り込まれています。

> 就学前学校は、一人ひとりの子どもに次のような発達を援助する。
> ・自分の考えや意見を表現する能力を育て、それを通して、自分の状況に影響を与える機会を得る。
> ・就学前学校で子どもが影響力を行使することや、責任をもつことに関する意欲や態度を育てる。
> ・すべての子どもが、就学前学校の活動内容や方法について実際に影響をもつこと。（NAFE 2011, p12.）

子どもが自分に関係する事柄について聞いたり、参加するという権利は、もはや就学前学校の外にも及んでいます。1992年にリオデジャネイロで開催された「環境と開発に関する国連会議」において採択された行動計画「アジェンダ

21」では、子どもを持続可能な未来を分かち合う重要な参加者であると認めています。

> 子ども達は地球を守る責任を継承する存在であり、発展途上国では人口の約半数を占めている。環境を改善し、将来の持続可能性を守るためには、参加型の方法をとり、子ども達の具体的な関心を十分に考慮する必要がある。（Agenda 21, 1992, Ch. 25, p.12）

「国連子どもの権利条約」では、持続可能な開発と持続可能な生活スタイルを基本的な権利と位置づけています。「国連子どもの権利条約」「アジェンダ21」の採択からおよそ30年が経過した現在では、幼い子どもも固有の権利を有する存在として広く社会に認められているのです。

同じ視点を分かち合い、子どもの参加を可能にする

　ここでは、1歳児がどのようにほかの子どもに注目したり、興味をもっているのかを見ていきます。就学前学校の新学期は、クラスの友だちや遊び友だちが新しくなります。保育者は子どもの実態に沿ってデイリープログラムを組み、子ども達が伸び伸びと過ごせるように援助します。

　1歳児についての私の研究（Engdahl, 2011, 2012）では、子どものイニシアチブと参加につながる遊びやコミュニケーションのパターンが明らかになりました。例えば、1歳児の遊びへの誘い方はとてもシンプルですが、それは年長の子どもにもよく見られるものだということです[5]。特に、長時間子ども達がしたいことを自由に選んで遊んでいる時には、そのパターンが見られました。また、コミュニケーションは、動き、ジェスチャー、声の質、表情などの非言語的コミュニケーションが基本となっていることも分かりました。

　1歳児の遊びにおいては、他者の視点に立って考えたり、相手を思いやるような協調性、あるいは遊びのなかで話し合いのスキルを使う姿も見られまし

---

[4]　Dahlberg & Moss, 2005; Engdahl, 2015.

[5]　Corsaro, 1997.

24　第Ⅰ部　スウェーデンにおける教育的ドキュメンテーション

た[6]。1歳児が仲間一人ひとりに注意を向けたり、その姿を追いかけたりすること、また自発的に仲間へ挨拶したり、遊びに誘うということはよくあることです。再び、前述のモリー（23か月）の例を挙げましょう。ある朝、新入園児テオ（Theo・16か月）の写真を撮っている保育者に彼女が気付いた時のことです。

　　保育者の一人がテオの写真を撮っていた時、モリーは隣の部屋で遊んでいました。しかし、保育者が写真を撮っている音に気付くと、彼女は保育者のほうに歩いて行きました。そして、カメラに手を伸ばして、保育者にテオの写真を見せてくれるように頼みました。写真を見た彼女は、テオの名前を呼び、彼を指さし、それからドアのほうを指さしました。

　　ドアの下はガラス窓になっています。その窓に保育者は、子ども達の写真で作った紙人形を貼っていました。この紙人形は、クラス全員の子どもを紹介したものです。要するにモリーは、テオの写真を自分と一緒に貼ってほしいと示したのです。そして、保育者はテオの写真を撮り、モリーやほかの子どもの紙人形と一緒に窓に貼りました。

　これは、言葉でのコミュニケーションがとれない1歳児の事例ですが、子どもの参加という点では複数の事柄を示していると言えます。非言語的な要素を考慮するのは、1歳児ならば当然のことです。

　私達は子どもが気付いたことを共有し、喜びを分かち合うことができます。モリーと保育者は新しい子どもの写真を撮ることを共有し、その写真を紙人形にしてドアの窓に貼るということを了解しています。保育者には、モリーの意図を理解し、ジェスチャーで応え、写真を撮るという義務があります。モリーは写真の重要性について認識しており、短いやり取りによって自らの意図を行動に示すことができる力をもっていることが分かります。

　この事例を就学前学校カリキュラムに照らしてみると、子どもが日常生活に影響を与える権利を保障することが保育者の仕事とされています。また、これは、「国連子どもの権利条約」の第12条と第13条にも連動しています。

・就学前学校は、一人ひとりの子どもが自分の考えや意見を表明する能力を育て、自分の状況に影響を与える機会を得るよう援助しなければならない。

・就学前学校教師は、すべての子どもが、就学前学校の内容や方法について実際に影響を与えることができるように責任をもつ。

・保育チームは、子どもが就学前学校で影響を与えることや責任をもつことについて、一人ひとりの意欲と能力を育てるように努めなければならない。(NAFE, 2011, p.12)

　恐らくモリーは、この経験によってエンパワーされたと思います。彼女の自発的な行動は、彼女自身がもっている力を示しています。このようにして子ども達が自らの生活状況に影響を与えて変化を起こすこと、それが真の参加である、と主張している研究者もいます[7]。

子ども主体のアプローチ

　子どもの参加を進めるうえで大切なことは、子どもに寄り添って彼らの世界を分かち合うことです。子どもの視点に立つということは、子どもの見方や経験、その世界での行動に対して大人が注意を向けて理解することです[8]。このような方法をとることで、保育者の注意が、子どもが感じたり、経験していること、そして彼らの行動に直接向けられるようになり、子どもに寄り添って彼らの世界を推察することができるのです。

「子どもの視点」という言葉は子ども自身が感じていることを指しています。子どもの視点は、「彼らが生活世界で経験したこと、感じたこと、理解したことを表して」[9]おり、そこでは、子どもは主体として位置づけられているのです。

　子ども主体のアプローチの大切さを強調している研究者が二人います[10]。彼

---

(6)　Alvestad, 2010; Engdahl, 2011.

(7)　Corsaro, 1997. 参照。

(8)　Sommer, et al., 2010, p.22

(9)　Sommer et al., 2010, p. 23

らは、子ども達は親や保育者の思いとは異なる活動をしたり、別の立場をとると述べています。つまり、就学前学校での子ども達の経験が保育者の経験とは異なっていることを指摘しているのです。子どもの意思は、大人のやり方とは異なる形態の知識で構築されるのです。

大人のなかには、誰もがかつては子どもであったのだから、子ども期についての知識が豊富にあるのではないかと主張する人がいますが、子ども時代の状況は時間の経過に伴って変化しているのです。ですから、大人自身の子ども時代のことと一緒にするわけにはいかないのです[11]。

就学前の子どもの参加と影響は、民主主義と学びの両面に関連しています。幼い子どもがどのように周辺世界を知り、またそれについてどのように考えているのかを理解する必要がありますが、それは大人の能力によって左右されることになります。子どもの参加とは、インタビューをして、子ども達の言うことに耳を傾けるだけではありません。子どもに直接関係することに、子ども自身が積極的に関わるようになることなのです[12]。

子どもの参加を進めるように教育のあり方を改善する方法の一つは、就学前学校での教育や学びの状況を積極的に分析することです。25年前、「子どもの参画の階段」と呼ばれる分析ツールを考案した研究者がいます[13]。この研究者は、参画とは呼び難い段階から、子どもが主体的に取り組み、大人と一緒に意思決定に参加する段階まで、八つの階段で示しました。

最初の階段は、「操り」とか「お飾り」と呼ばれる段階であり、子ども達は参画していませんが、その代わりに大人が子どもを使って活動を進めている段階です。そして最終階段では、子どもが大人と協議しながら主体的に取り組む段階となっています。

このほかにも、保育者が子どもの参画について分析する有用なツールとして、「子どもの主体性の五つのレベル」があります。それは、以下のようになっています。

❶子どもの声を聞く。

❷自分の思いが言えるように援助される。

❸配慮のもとで、自分の思いや意見を述べる。

❹子どもが意思決定プロセスに参加する。

❺子どもが大人と協同して意思決定を行う。（Shier, 2001）

このツールを用いて前述のモリーと写真の事例を分析するならば、以下のようなことが言えると思います。

❶モリーは、自分の声に耳を傾けてもらっている。

❷非言語的なコミュニケーションで、保育者に理解してもらうことができた。

❸それが理由で保育者は考えた。

❹その結果、カメラを持ってきた。

❺２人の子どもの写真を撮って、みんなの写真と一緒に貼ることができた。

　食べる前に手を洗うとか、ほかの人を押してはいけないなど、日常の生活ルールが支配的かどうかを検討する場合や、子ども達がいつ興味をもつか、あるいは退屈するかなどについて検討する場合には、この五つの分析方法が役に立つと思います。

　子どもの参画を促したいと思っている保育者は、常に自らの子ども観を変化させています。積極的に子どもの声に耳を傾けることにより、子どもの遊びや好みについてより多くのことを知るように努めています。また、生活ルールや日課が子どもには理解できないものであると分かった場合には、それをやめたり、変えるようにしています。生活ルールや日課を変えるという助言に対して保育者は、「ノー」と言う代わりに「イエス」と言って受け入れ、前向きの保育方法を考えるようにしています。子どもの参画を本当に求めるのであれば、子ども達が実際に参加したい、やってみたい、という気持ちが表現できるような方法を工夫したいものです。

⑽　Meadows, 2010・Bruner, 1996

⑾　Meadows, 2010参照。

⑿　Pramling-Samuelsson & Kaga, 2008

⒀　Hart, 1992

教育的ドキュメンテーションの実践

ジェーン・ウェンズヴィ（Jane Wensby）下鳥美鈴訳（1-3）、白石淑江訳（4-5）

1 教育的ドキュメンテーションの流れ

　ペダゴジスタ（**資料2参照**）としての私の役割は、スウェーデンの学校法と「就学前学校カリキュラム」が定める目標が達成されるように責任をもつことです。就学前学校の教師は、具体的な目標を立てて、教育の質に関するフォローアップを定期的に行うことを必須としています。そのため私は、毎週保育チーム（**資料2参照**）の指導を行い、活動記録をつけて、同僚とともに毎学期の活動の評価を行っています。

　また、アトリエリスタ（**資料2参照**）として、5歳児を対象に週に3〜5日間大きなアトリエで指導を行うとともに、学校全体の美学的活動を監督しています。私が勤務する就学前学校には、各クラスに小さなアトリエが設けられており、すべての保育者が創造的なプロジェクト[1]を進めていけるようにその指導を行っています。

　では、「エーネン（Örnen）就学前学校」ではどのような教育的ドキュメンテーションが行われているかについて説明していきましょう。まずは「理論」と「教育モデル」を説明し、最後に4歳児の教室で行われたプロジェクトの内容を紹介します。

　最初に、教育的ドキュメンテーションで用いられる「観察」「ドキュメンテーション」「リフレクション」「教育的ドキュメンテーション」という四つの用語について定義しておきます（**資料2参照**）。

観察——1930年代以降、子ども達の遊び、学び、そして発達の様子を就学前学

校で観察して記録することに大きな関心が寄せられるようになりました。子どもの発達を記録する主な目的は、年齢別の標準（例えば、数学的思考、言語発達、コミュニケーション能力など）と関連させて発達の程度を測ることでした。

　当時の教育者は、子ども達を評価するために観察したのです。現在は、子どもの遊びと学びに注目し、就学前学校での活動を評価するために観察をしています。

ドキュメンテーション——就学前学校で起こった出来事を忘れないために内容を書き留め、写真・映像・音声などで記録することです。

リフレクション——子ども達と保育チームが一緒に活動の内容を振り返って話し合い、次に進む方向を選んでいます。それぞれの子ども達には異なる学びの方法があり、子ども達の疑問や論理的思考は、保育者達がこれからの方向性を決めるうえで有意義な材料となります。子ども達と保育チームなど、すべての関係者の話し合いやリフレクションでは、ドキュメンテーションを資料として、次の活動の展開について話し合います。

教育的ドキュメンテーション——エーネン就学前学校では、すべての子どもと保育者が1年間を通して共通のプロジェクトに取り組んでいます。教育活動の質を向上させるために記録を活用することが教育的ドキュメンテーションとなるのです。プロジェクトのなかで起こったことを、文章や映像・写真などで記録したドキュメンテーションに基づいて、子ども達や同僚の保育者と話し合うことで、次に進むステップの方向を定めています。つまり、ある活動の記録（ドキュメンテーション）を教育的ドキュメンテーションに変えるのは、話し合いとリフレクションなのです。

---

(1)　スウェーデンでは、1970年代より「テーマ活動（temaintiktat arbertssätt）」と呼ばれるプロジェクト型の保育を行っており、1990年代よりレッジョ・エミリアの幼児教育の影響を受け、教育的ドキュメンテーションによってプロジェクト活動の質を高める取り組みが推進されている。就学前学校カリキュラムには、「テーマ活動によって、子どもの学びに多面性と相互の関連性を持たせることができる」との記述があるが、「プロジェクト」という言葉は使われていない。しかし、レッジョ・エミリア・アプローチを学んでいる就学前学校では、テーマ活動ではなく「プロジェクト」と呼んでいる。

30　第Ⅰ部　スウェーデンにおける教育的ドキュメンテーション

図2－1　教育的ドキュメンテーションのサイクル

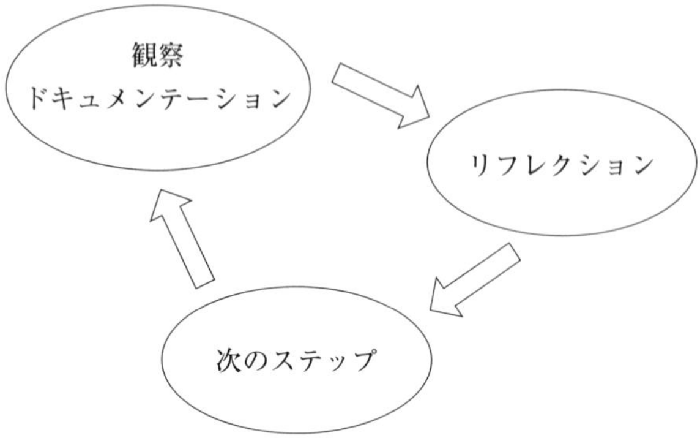

観察
ドキュメンテーション

リフレクション

次のステップ

　エーネン就学前学校では、毎週1時間ずつ、すべての保育チームが私とのリフレクションを行っています。そこでは、各保育者がプロジェクトについて記録してきたものを見直し、次週はどのようにプロジェクトを進めるかについての話し合いを行います。

　いずれにせよ、ドキュメンテーションの記録によって、知識獲得の一連の過程を可視化することができます。知識への着眼点、習得方法、学びの環境、子どもの視点、そして次の知識への移行、これらは、子どもだけでなく保育者にも成長の可能性を与えることになります。教育的ドキュメンテーションは保育者達の視野を広げ、解釈を深めるものです。

　図2－2は、教育的ドキュメンテーションを進める段階を詳細に説明したものです。「就学前学校カリキュラム（Lpfö98）」では、すべての過程における子どもの参加が非常に重視されているため、図のように矢印を用いて、すべての過程における子どもの参加を示しています。各項目について説明をしておきましょう。

①**観察**——教育的ドキュメンテーションの出発点は、子ども達の間で何が行われているのかということの「聞き込み」と、それを記録していくことにあります。

②**ドキュメンテーション**——子どもの発言を聞き、行われていることを慎重に

図2−2　教育的ドキュメンテーションの過程

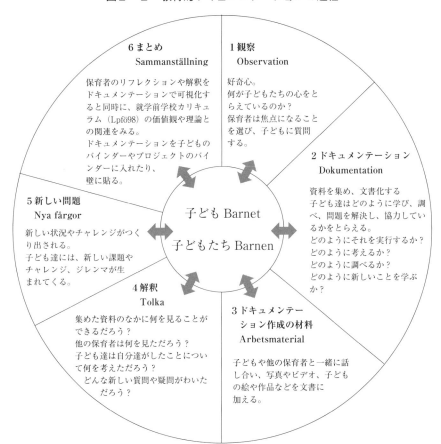

吟味し、写真・記録・映像を残すことで子どもの学びのプロセスを捉えます。しかし、より重要なことは、大人が子どもの活動の記録をとるだけではなく、子ども自身もそこに参加して記録をとり、この活動の根拠を示すことです。

③ドキュメンテーション作成の材料——保育者達はドキュメンテーションを見て、子どもや同僚達と話し合います。子どもの関心や興味を引くものを集めて調べたり、大人自身がまず試してみることも大事です。

④**解釈**——まず、観察されたものをあらゆる方向から解釈してみます。記録されなかった部分について、子ども達はどのように考えているのか。子ども達にとっては何が一番重要なのか。次のステップでは何を試してみたいのか。これらの点について、一つの小さなプロジェクトが終わるたびに子ども達と話し合い、また保育チームのリフレクションの時間（週に1回、約1時間）に話し合います。

⑤**新しい問題**——新たな疑問がわくと、それが新しいチャレンジとなり、「①観察」へと戻ることになります。①から⑤を繰り返すことがプロジェクトへの取り組みとなります。

⑥**まとめ**——一連のプロジェクトが終わるたびにこの⑥を行います。また、各学期の終わりにも行います。その際、プロジェクトとその取り組みについての評価も行います。

　図2-2に示した過程のなかで③と④が最も重要となります。以下では、どのように教育的ドキュメンテーションを始めるのか、またどのような見出しで問題提起をするのかということに対する提案や、長期的なプロジェクトへのアイディアをいくつか紹介します。

表2-1　ドキュメンテーションをより良く進めるために

子どもが初めて出会うもの	様々な学びの方法—子ども達は様々な方法で学ぶ	生活習慣のなかでの自主性	子ども達の興味
・環境－教材 ・友だち－関係性	・見て、真似る ・調べて、繰り返し試し、研究する	・服を着る／脱ぐ、テーブルセッティング、食事、後片づけ、ベッドメーキング、昼寝、衛生管理	・子どもの文化

第2章　教育的ドキュメンテーションの実践　33

表2-2　プロジェクトへの提案──就学前学校カリキュラムにあるテーマから

自然科学	言語とコミュニケーション	評価の基礎
・人間の身体／草花の生育／昆虫／動物／宇宙／水／光／音	・童話と物語	・似ていることと違うこと ・差別への基本要素

2 ドキュメンテーションを読む観点

　一つのドキュメンテーションは、以下の観点から読むことができます。

就学前学校カリキュラムとの関連性──数学、語学、自然科学がどのように記録されているか。

教育理念との関連性──子どもはどのように学ぶのか。どのような手法を使うのか。

活動内容と取り組みへの評価──どのように学習能力を向上させたか。保育者はどのような活動をしたか。どういった教材が利用可能か。学びの環境や取り組みがどのように整えられていたか。保育者は何を発展させていく必要があるか。何を改善していけるか。やり残していることはあるか。

3 ドキュメンテーションの共有

　次ページの写真のように、子ども達は絵を鑑賞し、話し合っています。保育者と子どもが一緒にドキュメンテーションを作成したあとは、このように、すべての子ども達が見ることのできる場所に掲示します。そうすることで、子ども達の取り組みを再び結び付けることができるほか、保育チームと保護者とのつながりを作ることが可能になります。

　絵や写真といったドキュメンテーションは、このように学校の壁に掲示されたり、ファイルに保存されて、子ども達がいつでも見ることができるようになっています。ドキュメンテーションは、子どもにも大人にも利用され、現在進

34 第Ⅰ部　スウェーデンにおける教育的ドキュメンテーション

ドキュメンテーションの重要性！　子ども達は写真を見ている！

められているプロジェクトの一部として保存されているのです。こうすることで、プロジェクトを進めていくうえにおいて大きな助けとなります。

　ドキュメンテーションは、保育者や保護者にとって、子ども達の能力に気付くきっかけになります。そして、子ども達は、自らを多面的な学習能力をもつ人間と認め、何カラットもあるダイアモンドのような人間であると気付くことにもなるのです。

　以下に示したのは、私達が使っているテンプレート（書式）です。「例1」と「例2」は、保育者が毎週記録しているドキュメンテーションの下書きで、「例3」は就学前学校の保育者達が毎週行っているリフレクションの下書きです。そして「例4」は、学期末に行う評価表です。

テンプレート（例1）

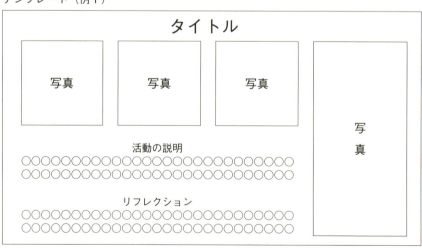

第2章　教育的ドキュメンテーションの実践　35

テンプレート（例2）教育的ドキュメンテーションの資料

子ども達がしたこと／言ったこと	リフレクション
	・子ども達自身が見たこと、したことを説明する ・子どもの考えや論理 ・保育者自身のリフレクション ・同僚のリフレクション

テンプレート（例3）保育チームのリフレクションの資料

アイディア	来週の予定

テンプレート（例4）学期末の評価表

プロジェクトのテーマについて子ども達がさらに学んだことは何か。	どのように学んだか。100の言葉。	言葉の分析に関して、子ども達が経験したことは何か。	就学前学校カリキュラムのなかにある他のテーマに関して子ども達が経験したことは何か。	評価：今後のためにどのようにプランを立てるか。

　次ページでは、学期末に作成したドキュメンテーションを例示します。プロジェクトのテーマは「身体から心へ」です。この取り組みを通して、子ども達が経験したことは何か、学んだことは何かを、就学前学校カリキュラムの目標や指針との関連から整理しました。

第Ⅰ部　スウェーデンにおける教育的ドキュメンテーション

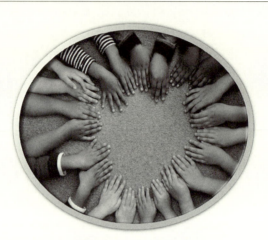

身体から心へ
4歳児クラス　アールビィのエーネン就学前学校

いろいろな材料で人間の骨格を作ってみる

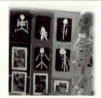

◆就学前学校カリキュラム（Lpfö 98/10）に沿った教育

就学前学校では、すべての子どもに対して以下の発達を促す努力をする。
・様々な技術、材料、道具を用いてものを作り、組み立てる能力を育てる。
・自然科学への理解を育てる。

私達は数週間かけて、いろいろな材料で人間の骨格を作っています。電車のレール、レゴブロック、プラスプラスブロック、粘土、針金、そして紙を切り貼りして骨格を作ります。

第2章 教育的ドキュメンテーションの実践　37

身体の中はみんな同じ！

◆就学前学校カリキュラム（Lpfö 98/10）に沿った教育

就学前学校では、すべての子どもに対して以下の発達を促す努力をする。
・子ども達の身体能力を高めるとともに、身体の安全や健康の維持に対する理解を育てる。

私達は、絵本「身体への好奇心（Nyfiken på kroppen）」や人体模型を使って、それぞれの臓器のことや、それらが互いにどんな働きをするのかということを話し合ってきました。私達が食べたものは、どんなふうに体の中を通っていくのか。心臓や脳や肺がどのような働きをするのか。血中の酸素濃度や、血液の循環についても話し合いました。子ども達は、自分が一番興味をもった体の部分や臓器などを工作しました。数週間をかけたすえ、等身大の2次元人体モデルを作り上げることに子ども達は成功しました。

目──心の写し鏡？

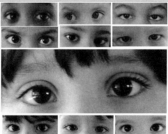

◆就学前学校向けの学習指導要綱（Lpfö 98/10）に沿った教育

就学前学校では、すべての子どもに対して以下の発達を促す努力をする。
・自然科学への理解を育てる。
・自らのアイデンティティーを理解し、認めること。
・社会的なバックグラウンド、性別、人種、宗教、考え方、性的志向、そして身体的障害にかかわらず、人間はみんな同等に価値があるという理解を育てる。

子ども達は自分の瞳と友達の瞳をよく観察して、お絵描きをしました。みんなそれぞれ違った瞳──でも、どこか似ている瞳。まつげ、虹彩、瞳孔、白目、まゆげ、などの新しい言葉を習いました。そして、なぜ人間には目があるのかと話し合ったり、目の上を手で覆ったら見えるのかと確かめたり、片目で見る時と両目で見る時を比べたりしました。それから、こんな質問を出し合いました。
目で何かを感じることはできるのか？
誰かが感じたり、思ったり、望んでいることは目で見ることができるのか？
考察
来学期はこのテーマをさらに深めて、感覚、感情、想像力、そしてアイデンティティーなども学ぶ予定です。言語、興味、考え方、習慣、身体、味覚、夢、知識など、お互いの違うところに焦点をあてます。何でも上手にできる人はいません。でも、みんなそれぞれ何か得意なことがあります！

どうやって学ぶのか？

◆就学前学校の学習指導要綱（Lpfö 98/10）に沿った教育

就学前学校では、すべての子どもに対して以下の発達を促す努力をする。
・映像・写真、文章などへの興味を深め、それを使って理解したり、話し合う能力を育てる。
・様々な技術、材料、道具を使って作り上げたり、組み立てる能力を育てる。

私達は、本や模型、そして自らの体を使って人間の体の内側と外側を観察しました。さらに、アプリ、コンピュータ、インターネットやスマートボードなどのデジタル機器も利用しました。主に、少人数のグループで描いたり、工作したり、話し合ったりと実験をしましたが、クラス全体でそれを行うことも、また一人ずつで行うこともありました。その時々の活動に合うグループの大きさで、やり方を変えて作業を行いました。プロジェクトを進めていくのと同時に、子ども達が学んだことは文章にして考察し、活動をまとめた壁のコーナーに貼っていきました。

4 就学前学校におけるフォローアップ、評価、発展

　教育的ドキュメンテーションは、知識装置[2]全体のレベルを明らかにする作業です。ドキュメンテーションは、子どもと保育者と保護者、また外の世界に向けて作成されています。私達はこれを資料にして、子どもの見方や知識、活動方法や環境、教材についての考え方、さらには子ども達が何をどのように学ぶかについての捉え方を検討します。

　私が働いていた就学前学校では、すべての部署でこの話し合いが行われました。すべての話し合いが終わるまでに数年間かかりましたが、それぞれの検討結果が明らかにされ、職員が拠り所としている価値観が明確になりました。ち

なみに、話し合いでは以下のような価値について検討しています。

主体性

　就学前学校では、すべての子どもをかけがえのない存在として受け入れます。就学前学校で過ごすなかで、子ども一人ひとりの発達が保障され、子ども同士が経験を分かち合っています。ドキュメンテーションは、子どもに自らの学びが見て分かるように作成します。それを資料として話し合うことは、子どもの自己イメージや自己肯定感を培うことにつながります。

　それゆえ、ドキュメンテーションは、子どもが有能であり、多様な能力を備えていることをはっきりと示すものとなります。また、子どもが異なる視点をたくさんもっていることや、意志をもった一人の人間であり、対象物でなく、主体として尊重される存在であることを物語っています。

違い

　他の考え方や理論に出合うこと、また豊かさの違いを知ることは、自らの視野を広げるために必要なことです。保育者は、子ども達が自分とは違う考え方ややり方、経験に出合うことを通して、お互いを豊かに育てることができるような状況をつくります。

　子ども達は異なるものとの出合いをきっかけに、自分の考え方や行動を見直し、外界を探究する方法を発展させるのです。

協同

　保育者は、子ども達が自らの条件や経験、資質に基づいて参加し、相互に関わり合う機会をつくります。そして、ドキュメンテーションは、子どもがほかの子どもと関わり合いながら学ぶプロセスを可視化します。

⑵　子どもの知識の構築（学び）には、就学前学校の人的、物理的環境、およびそこでの活動すべてが絡み合って関係しているとの考え方から、その全体を「知識装置（kunskapsapparaten）」と呼ぶ。

子ども達は、自分自身、またはお互いの理論やアプローチの仕方を知ることを通して、それぞれの考え方や作り方、学び方を変えていきます。また、協同して日々の生活で遭遇する問題を解決し、お互いの力を知っていきます。協同することで、学びや理解を深めるためにはお互いが必要であることが分かります。すべてのことに長けた人はいませんが、誰もが何か得意なことをもっているものです！

話し合い

話し合いは、教育的ドキュメンテーションの機能のなかで最も重要なことです。ドキュメンテーション（記録）は、次の段階に関わる人達が意見を交換し、方針を決定するための基礎資料を提供するとともに、協同的な学びにおける努力や喜びを丁寧に扱うようにしてくれます。

教育的ドキュメンテーションは、協同の探究活動においてみんなが主人公となり、それぞれが様々なスキルや興味、視点を発揮し、質問や解釈をしたり、解決策を提案したり、新しい調査／課題に対してアイディアを出し合うプロセスなのです。つまり、教育的ドキュメンテーション（そのためのサムリング）は、このような話し合いや選択を行うことであり、「民主的な対話のツール」となります。

学びは変化、発達する

すべての物、すべての人は常に変化しています！　変わらないものはありません。ポストモダン哲学に基づく社会構成主義（social constructivism）では、学びや知識について次のように考えています。

知識は不変のものではなく、時間や文化、状況によって変化、発達するものであり、私達が知っている世界は、実は外の世界との関係に影響されているのです。当然、学びも、他者との関係と材料との出合いなどから生まれます。就学前学校では、子ども達や保育者、環境／材料が相互に関わり合いながら意味を作り出していきます。そうすることで、新しい目で世界を見ることができるようになり、新たな発見をすることができるのです。

環境と材料

環境は、親しみやすく、魅力的で汎用性があることが望まれます。また材料は、子ども達の手が届く高さにあるべきです。そして、アトリエのような、創造的で変化に富み、子ども達が探究したり、共同で活動できる環境を用意する必要があります。

私達は、自然素材や一般的な材料を芸術品と同じように大切に扱っています。それらは、子ども達が何かを作ったり創造したりして、自らを表現することのできる材料だからです。就学前学校において廃材やリサイクル材料などといった持続可能な材料を用いることには、環境保護や経済的な理由、またジェンダーが中立的で、階層や国境を越えるものであるといった目的があります。

材料は子ども達に、その性質を探究したり、様々な機能や扱い方を試したりする機会を与えます（例えば、どのようにしたら綿と木の実をまとめることができるか、何を使って羽根と鋼線を一緒にするか、など）。就学前学校では、擦ったり引き裂いたりしても大丈夫な耐久性のある材料を使っています。これらの材料は、貴重で意味のある何かをする機会を子ども達に与えています。

教育的ドキュメンテーションは、子ども達が材料を使って創造するという学びのプロセスを可視化します。また材料は、子ども達にとって活性剤となっていることを示しています。

同僚との学び

教育的ドキュメンテーションは、話し合いや教育活動を変えるための基盤になります。さらに、保育者の考えや視点、方法論や基礎知識、養育の仕方など、教育的なアプローチや学びを説明することでもあります。それゆえ、教育的ドキュメンテーションは、専門職としての役割と教育的な仕事を充実および発展させていくための重要な活動になっているのです。また、保育者達が研修を重ね、質を確保していくことにつながっていきます。

小さなグループでのプロジェクト活動

子どものグループを組織することは、お互いの違いや得意なことを見たり、

聞いたり、気付いたりする能力の促進につながります。子ども達が小さなグループでプロジェクトに取り組むことで、以下に挙げるような機会を提供します。

- ・話し合うこと
- ・友だちとスキルを分かち合うこと
- ・新たな計画に貢献すること（変革としての学び）
- ・ジレンマに直面すること（しばしば材料は、どんなデザインにするかなど、対話によって解決しなければならない問題を提供する）
- ・ジェスチャー、言葉、絵／図や模型を通して自分の理論を説明すること

喜び

喜びなくして何も得られません！　喜びというのは、表面的なものではなく満足感を伴う体験となります。困難なことに対処したり、情報を得たり、状況を踏まえてアイディアを出したりするといった体験を通して得られるものです。それゆえ私達は、プロジェクト活動を行って子ども達に幅広い表現の機会を提供してきました。このアプローチを通して、就学前のすべての活動が、子ども達の関心や参加、意義や喜びに満ちたものになることを私達は願っています！

5 エーネン就学前学校におけるフォローアップ、評価、発展

スウェーデンでは、8月下旬に新年度がスタートします。その前に保育者達は、子ども達のプロジェクト活動の重点を、カリキュラムのなかのどの目標領域に置くかを決めます。

プロジェクトの最初の段階では約2か月間の観察を行い、それから選択した目標に馴染んでいくように努めます。子ども達がどんなものに関わっているか、またそこで何が起こっているのかをよく観察するのです。

6〜8週間後、プロジェクトは調査段階に進みます。保育者は、自分達が把握している子ども達の興味や関心とは少し違うことも試してみます。秋は、プロジェクトで何ができるかを探る時期であり、多くの表現や幅広い活動をすることになります。

12月は秋のプロジェクトのリフレクションを行い、新たな目標を選択します。どのように目標を絞り込んでいくのか、冬休みのあとにはどんなことに取り組みたいかを協議し、春になったら選んだプロジェクトをさらに深めていきます。

エーネン就学前学校では、1クラス12〜18人を3名の保育者が担当するという形で保育チームを形成しているのですが、保育者は毎週、その週のドキュメンテーションについてリフレクションを行っています。また半年に1回は、目標領域を踏まえた評価を行い、すべての保育チームがお互いのプロジェクトとその評価を分かち合っています。保育者達にとって同僚は、お互いの成長を助け合う大切な存在となっているのです。

エーネン就学前学校での取り組みを振り返って（私のリフレクション）

本章で紹介したプロジェクト活動は、常にカリキュラムのすべての目標領域に関連しています。それゆえエーネン就学前学校では、事前に重点を置く目標領域を決めているわけです。ただし、決められた目標から出発するのでなく、子どもから出発するべきであると私達は考えています。つまり、主題は二番目に重要なことでしかなく、一番重要なことは、知識装置（39ページの注を参照）のすべての部分と子どもの100の言葉が混ざり合い、相互作用や統合がなされることなのです。プロジェクトが、知識装置の歯車全体的を回転させるという潤滑油の役割を果たすということです。

多くの場合、プロジェクトの選択は、日々の生活における子どもの関心、思考、仮説、話し合いに基づいて行われます。ただ、一つのクラスが、長期的な協同プロジェクトやいくつかの一時的なプロジェクトを並行して行うこともあります。保育者がプロジェクト活動のことを理解しているのなら、すべてのクラスが同時に、同じテーマのプロジェクトに取り組む必要はありません。しかし、そのやり方に慣れていない保育者がいる場合は、同じテーマのプロジェクト活動を行うほうがよいでしょう。なぜなら、同僚から教わったり、やり方を参照したりしながら一緒に取り組むことができるからです。

教育的ドキュメンテーションの目的は、私達の活動を可視化して評価すること、そして、それをフィードバックして、子ども達に発達や学びの機会を提供

することです。往々にして私達は、子どもに代わって結果を判断しがちです。教育的ドキュメンテーションの目的を再確認して、このようなことが決して起こらないことを願っています。

　スウェーデンの就学前学校カリキュラムでは、子どもが達成すべき目標が掲げられていません。カリキュラムの目標は、あくまでも方向性を示すものなのです。それゆえ私は、エーネン就学前学校で使っている評価のツールを改善したいと思っています。保育者達は、子ども達を対象とするのではなく、エーネン就学前学校の組織と活動を評価したいと考えています。

第3章 アトリエリスタの視点とプロジェクト活動

エンマ・リンドグレン（Emma Lindgren）
ウェンドラー由紀子訳

1 アトリエリスタの視点から

　アトリエリスタ（美術教師）としての私は、就学前学校のアトリエ（美術室）で基本的な芸術表現を伝えています。また、子ども（主に4歳～5歳）と保育者達が進めるプロジェクトに協力するという、パートナーの役割も担っています。ちなみに、私が働いているアトリエは、就学前学校内にある他のアトリエよりも大きい部屋になっています。

　仕事をしていくなかで私は、子ども達がいろいろな表現をし、子ども達と彼らを取り巻く様々な知識をつなげられるように、たくさんの道具や材料に触れ合える自由な環境を整えることを心がけています。

　さらに、子ども達の学びのプロセスを観察し、彼らがもっと様々なことをやってみようとする際に生じる疑問に答えたり、道具や材料の使い方や表現方法などを教えています。

　後述する「カークネステレビ塔」（64ページから参照）のプロジェクトを行った時もそうでしたが、絵を描く、モノを測る、写生するなどといった様々な表現方法を取ることによって、一つの事象を深く調べることができます。子ども達は、それらの表現活動を通して様々な深い知識を習得することになります。

　アトリエリスタとしての役割は、民主主義に基づいた学び、すなわち子ども達が自分の力で調べ、理解し、学ぶということが可能になるように促すことです。プロジェクト活動のなかで子ども達は、いろいろな仮説を出し、話し合い、上手くいったかどうかを考えるわけですが、アトリエリスタはそのような質問や考え方を子ども達同士が行うように促しています。

46　第Ⅰ部　スウェーデンにおける教育的ドキュメンテーション

　学びとは、子ども達の情熱ややる気が知識になることです。決して、できあがった答えを与えることではありません。なぜならば、答えを与えてしまうと子どもから探求する意欲を奪ってしまい、学びにならないからです。プロジェクトの実践においては、最終的にできあがった作品ではなく、作るプロセスにこそ知識があり、子ども達はそこに興味をもって学んでいくということを重視しています。

子ども達とともに

　私が今回のグループを担当し始めた時、子ども達は4歳でした。子ども達はすでに多彩な経験をしており、子ども同士の仲もよかったです。私はグループ担当の保育者達とドキュメンテーションを使ってリフレクションを重ね、子ども達が興味を示して取り組みそうなプロジェクトは何だろうと話し合いました。

　担任の保育者達は、今までの保育のなかで子ども達と親しくなっており[1]、それぞれの子ども達の知識や経験についても熟知していました。担任の保育者の理解に加えて、アトリエリスタとしての私の知識を使い、子ども達全員に興味をもってもらえるようなものが何かと話し合いました。

　しかし、私達保育者にとって、プロジェクトのテーマを決定することはあまり重要なことではありません。私達の真の目的は、子ども達が一つのことを協同で行えるようにすることなのです。

　とはいえ、グループ全員で一つのことをするのではなく、子ども達それぞれが描いたイメージによってグループを小さく分け、グループごとにプロジェクトを進めていきたいと思っていました。小さいグループならば、子ども達自身の経験を取り入れながらプロジェクトを進めていけると考えたからです。

　また、小さいグループだからこそできるのがディスカッションです。一緒に考えたり、考察を重ねていくことによって、子ども達同士が様々な考え方に触れ合うことができますし、個々の探求心をさらに深めることができるからです。グループの人数が多くなってしまうと、個人の考えが反映されず、それぞれの個性や特徴が薄れてしまうのです。

　レッジョ・エミリアの幼児教育活動のなかで最も影響力のあるヴェア・ヴェ

ッキ（Vea Vecchi）というアトリエリスタは、次のようなことを言っています。「芸術とは、感覚とファンタジーをつなげるものであるから、アトリエリスタはファンタジーと現実をつなげる場で働いていると思わなくてはいけません。アトリエには二つの機能があります。一つは、子ども達が様々なテクニックを習得する場所としての機能で、もう一つは、子どもが何を学習しているのかを大人が理解できる場所としての機能です」

　子どもが何を学ぼうとしているのかを知るためには、大人が常に子どもがやっていることに興味をもち、何をやろうとしているのかを理解もしくは推測し、彼らがやりたいことをやらせてあげるという態度が必要です。ドキュメンテーションを使って保育者チームがリフレクションをする時、子ども達がもっている知識や経験、技術が何んであるかを理解することが必要でした。なぜならば、子ども達が何をやれるか、もしくはやりたいかを知らなくては、子ども達だけで継続的に学んでいくことができないからです。

　子どものグループ分けは話し合いによって行いました。民主主義を遂行するためにも、また子ども達がいろいろと芸術的な表現ができるように、グループ分けの際には配慮をしています。例えば、アニメという表現方法を挙げてみると、原稿作り、アニメ作成、必要とされる工作や音声などという作業に分け、一人ひとりの役割がそれぞれの仕事のなかで重要なものになるように分担しました。

　ほかにも、作業を進めていく間、その内容などを話し合うことを目的としてサムリングを設けました。前述したように、「サムリング」とは、クラス内で行う子ども達と保育者との話し合いの時間のことです。そうすることで、他の作業をしている子ども達との話し合いもでき、アイディアを出し合ったり、助言したりして、お互いに学び合うことができます。サムリングでの話し合いは、とても大事なことだと私は思っています。

――――――――――――――――――

(1)　スウェーデンの就学前学校では、1歳児から卒業の5歳児まで同じ保育者が担当する場合が多い。

アトリエリスタの知識の用い方

　様々な芸術表現をする技術をもったアトリエリスタとしての知識は、子ども
の学びを支えていくために使います。カークネステレビ塔（67ページの写真参
照）を絵の具で描く時、既成の絵の具の色を用意せず、三大原色、要するに
「赤・青・黄」と「黒と白」だけを用意しました。

　この取り組みは、子ども達もやってみたいという気持ちがとても強かったた
め、絵の具を混ぜて五色以外の色を作るだけでなく、筆や紙の種類の違いを理
解することまでも子ども達は難なくこなしていきました。

　カークネステレビ塔を描写するという作業によって、どんな時にどんな紙を
使うべきか、また、どんな色やどんな種類の絵の具を使えばいいのかなどの知
識を得ることができました。色を混ぜるという作業は算数に似ています。どの
色をどのくらい入れればどんな色になるかを考えなければいけないからです。

　最終的に、子ども達は白、黄色、赤、そして黒を使って様々な色が作れるよ
うになり、耐水性のある紙はどれか、それはどうしてなのか、そして透明アク
リル絵の具（水彩絵の具）は、薄い色を先に塗ってから濃くしていかなくては
いけないといった技術も学びました。また、「灰色」を作る時には、黒と白を
混ぜるだけではなく、すべての色を半分ずつ混ぜることによってできるという
ことも学びました。もし、私が最初から灰色の絵の具を与えていたら、これら
の知識を得ることはなかったでしょう。

アトリエリスタとして気を付けていること

　アトリエリスタとして子ども達とプロジェクトを始める時に気を付けている
のが、子どもの意見に口出しをしないで、とにかく聞き手になるということで
す。これは、とても大切なことです。なぜならば、子どもは、保育者が求めて
いることを言わなくてはいけないというような雰囲気を感じ取ってしまうと、
それに応えようとするからです。

　そうなると、興味をもって何かしたいという子ども自身の意欲を奪ってしま
うことになります。その結果、子ども達だけで探究することをしなくなり、大
人の考え方や経験、そして知識を真似るだけになってしまいます。子ども達が

もっている好奇心も、「何か作らなくては」とか「見せなくては」、または「終わらせなくては」という気持ちに変わってしまうことになります。

　例えば、カークネステレビ塔の例で考えてみると、私がもし「この色とこの色を混ぜたらこの色ができるよ」と教えてしまっていたら、子ども達は私の真似をするだけで終わり、実験する興奮や喜びを得ることはなかったでしょう。この例からも分かるように、私の役割は、子ども達がやりたいことを探究できる環境を整えることなのです。

　子ども達が何かを作らなくてはいけないというプレッシャーを取り除き、自由に材料や絵の具などを子どもが手に取りやすいように、私はアトリエの設備を整えました。そして、子どもに対しては、「さあ、みんな！　この絵の具を使っていろんな色が作れるかな？」と言いました。

　細く、たくさんの紙を切って、その一枚一枚に、様々な色を混ぜたものを子ども達とともに乗せていきました。紙の上に乗せた色を用いて、自分達で色の標本を作ったのです。そして、その紙を薄い色から濃い色、または黄色、緑、そして青というように順番に並べたりもしました。

　作業や学びが偏ったものにならないためにも、考える時間はとても大事です。そのために、子ども達と話し合い、考察し、それまでの過程で得たことについてお互いに評価し合うのです。この考察および評価は、作業中だけでなくサムリングの時にも行っています。

子ども達の学びとアトリエリスタのあり方

　カークネステレビ塔のプロジェクトをしたことによって子ども達は、スウェーデン語、物理や算数に関する知識、環境問題、そして色の組み合わせ、様々な材料やITを使った工作技術、そして芸術的な技術を身に着ける機会を得ました。プロジェクトは流動性のあるものなので、日々の作業について、どのような学びをしたのかといった考察はしません。もちろん、子ども達は、大人の知識や技術を真似することなく、自分達の考えや知識によって作業を進めました。

　プロジェクトの進行においては、民主主義の考え方も考慮しています。それぞれが表現したことについて質問をしたり、それに対してお互いの意見を聞い

たり、自分の意見を述べるという経験をするからです。そのため、カークネステレビ塔の絵を描き終えるまでに長い時間がかかりました。

作品となった絵、工作、アニメは、子ども達にとっては最終目標でしたが、保育者の私達にとってはそうではありません。私が目的としていることは、子ども達がのちに使うことになる知識を得るまでのプロセス、さらに製作するための学習姿勢のあり方なのです。

アトリエリスタとしての仕事は、子どもが将来、環境を考慮したり、より良い社会を構築する人間になるといった政治的な活動にも関係していると私は思っています。子ども達が学びを深めていく過程で、自身の考えが反映されていると感じることができれば、将来にわたってずっと学び続けていきたいと思うはずです。少なくとも、私はそのように信じています。

ある子ども達の考えやアイディアをほかの子ども達と分かち合うことによって自分の視野や能力が広まると同時に、ほかの子ども達の視野や視点も広げることになります。子ども達が自分とは違う考えの子ども達と触れ合い、分かち合うことによって、人はそれぞれ違う考えをもっていることを理解します。民主主義とは参加を意味しているのですが、この参加に年齢制限はないのです。

先日、私は就学前学校を終了した子ども達が入学した小学校の教師と話す機会がありました。その教師は次のように言っていました。

「卒園した子ども達がとても好奇心旺盛で、いろいろな疑問を抱いているのに、教室ではそれを解決するだけの機会を与えることができず、とても残念に思っている」

また、「子ども達はいろいろ考え、発言する権利が小学校でも続いていくものだと思っているけれど、それをすべて叶えてあげることが難しい」とも言っていました。

私も経験していますが、確かに、すべての子どもの要望を叶えるということは容易ではありません。私はこの話を聞き、卒園してからもずっと好奇心をもち続け、チャレンジ精神を忘れていないこと、教師にどんどん質問をするだけでなく、子ども達の間でも興味を分かち合い、お互いの意見に耳を傾けるという姿勢が変わっていなかったことを知り、とてもうれしくなりました。

就学前学校で芸術実践を通して取り組んできたプロセスが、小学校に進んでからも生きているのです。未来のことは誰にも分かりません。しかし、自分のもっている知識を単に子ども達に真似をさせ、大人のコピー人間をつくるということが私の仕事ではありません。自分達で新しいことを考え出す人間を育成することが、アトリエリスタとして、また保育者としての仕事であると思っています。

それを実現するためには、知識とともに「やる気」や「熱意」が必要となります。大人が指示をするのではなく、子ども達自身がやってみたいと思い、自ら取り組むように仕向けなければならないのです。

2 絵本の世界から始まるプロジェクト活動

（カミラ・ストルト、エンマ・リンドグレン、岡田泰枝監修）

2016年7月5日、愛知淑徳大学にて「子どもの日常から出発するプロジェクト型保育——スウェーデンと日本の取り組み」と題する教育講演会（愛知淑徳大学特別教育研究助成による）が開催され、スウェーデンの保育者が講演しました。ここでは、その内容を紹介します。

講師は、スウェーデンにある株式会社「WÅGA & WILJA」（以下、ヴァーガヴィリア）が運営するオルゴナ就学前学校（Orgonas förskola）の保育者二人です。一人は准保育士（**資料2**参照）として働いているカミラ・ストルト（Camilla Stolt）さん、もう一人はアトリエリスタとして働いているエンマ・リンドグレンさん（前節参照）です。なお、講演の通訳者はウェンドラー・由紀子さんが務めてくれました。

ヴァーガヴィリアの紹介

ヴァーガヴィリアは七つの就学前学校を運営しており、そのなかの一つが「オルゴナ就学前学校」です。それぞれの学校は、団地のなかにあったり、ストックホルム郊外にあったりと立地条件が違いますが、教育理念は同じです。

これらの学校は、レッジョ・エミリアの教育理念の影響を受けています。また、すべての教育プランは、国連子どもの権利条約の理念を第一義においたうえで、通称「オレンジ色の教育プラン」[2]と呼ばれる就学前学校カリキュラム

オルゴナ就学前学校

にヴァーガヴィリア独自のプランを組み合わせた「Alberts planz」(アルベーツプラン)[3]を基にして作られています。

　ヴァーガヴィリア独自のプランには、もう一つ、宗教、性別、人種による差別やいじめをなくし、平等を実現していこうということが書かれたプランがあります。それぞれの地域性などを活かしながら、七つの学校すべてにおいてこの二つのプランが作成されており、教育計画の根幹としています。

　ヴァーガヴィリアでは、道具など子どもに関わるものは、それぞれの年齢段階に適したものでなければならないと考えます。例えば、1歳の子どもと5歳の子どもが使う絵の具は違う、と考えているわけです。

　子ども達は5歳で卒園し、その後1年間、就学前クラスに通って、7歳で基礎学校に入学します。ですから、5歳児クラスは就学前教育の集大成の時期となります。ヴァーガヴィリアの就学前学校には、アルベーツプランに則り、集大成の年齢にふさわしいと考えられるものが揃っている部屋があります。右ページに掲載した写真の部屋は5歳児の組み立てコーナーですが、このように各年齢に合った材料が揃えられています。

　このコーナーでは、絵を描く、糊で貼る、絵の具を使う、粘土遊び、組み立て、本を読む場所、歌や音楽、ダンス、ドラマ遊び、水遊び、砂遊びをすることができます。もちろん、そのための道具が備えられています。

第3章　アトリエリスタの視点とプロジェクト活動　53

（右）Kコーナーの様子（その1）
（左）Kコーナーの様子（その2）

　このコーナーはスウェーデン語の「文化（kultur）」という言葉の頭文字をとって「Kコーナー」と呼ばれていますが、ここにはヴァーガヴィリアで選んだマテリアル（素材となるもの）しか存在していません。つまり、ヴァーガヴィリアの文化を体現しているコーナーでもあります。ですから、仮にある人が「このおもちゃは面白いから買ってみよう」とか「このマテリアルを置いてみよう」と言っても、できないようになっています。

プロジェクト活動について

　ヴァーガヴィリアでは、プロジェクト活動を次のように考えています。
「プロジェクトとは、子どもが物事と対峙して新しい疑問をもった時、大人やほかの子ども達とともに考える場です。なぜ、こうなったのだろうとか、もう一度やってみようということを友だちと一緒に考えたり、自分一人で考える場

---
(2)　「就学前学校カリキュラム」の表紙がオレンジ色であることからこう呼ばれている。
(3)　直訳は「仕事の計画」。ヴァーガヴィリアの保育方針、保育内容や方法について具体的に定めた冊子のこと。保育者や職員の指針であるが、保護者にも公開されている。

となります。子どもがその場に関わることで、新たに興味や関心をもつように
なるのです」

　例えば、着せ替え人形が好きな女の子が、プロジェクトをきっかけに車にも
関心をもつようになるということです。

　子ども達にとって、プロジェクト活動がこのような意味合いをもつものにな
るためには、それに合った正しい材料と道具、そして保育者が必要となります。
さらに大切なことは、プロジェクト活動の結果ではなくそのプロセスです。

　例を挙げると、プロジェクトの最後にお父さんやお母さんに見せるための絵を
描きましたが、描いた絵そのものではなく、ここに行き着いたということが一番
大切であるということです。学ぶプロセスに注目した活動を行うことで、子ども
の学びに意義が見いだされ、つながりを発見することができるようになります。

　前節でも述べたように、プロジェクト活動の最初は観察です。保育者達はま
ず子どもが何をやっているのだろう、何に興味をもったのだろう、どんな材料
を使っているのだろう、ということを観察します。そして、このあとに行うこ
とを推測し、それを基に材料を揃えていきます。プロジェクト活動を進めてい
くうちに新しい材料がさらに必要になるのではないかと考えながら、子ども達
と一緒に作り進めていきます。保育者の関心は、プロジェクトの内容というよ
りも、子ども達とともに調べることにあります。

　教育的ドキュメンテーションの方法を使い、プロジェクトのサークル（図3
－1を参照）を支えにして、保育者は子どもの探究心や質問に応えられるよう
に活動しています。

　プロジェクトの途中で、保育者はドキュメンテーションを使って定期的にリ
フレクションをします。子ども達は何に興味をもったのか？　そのテーマで何
に出合うのか？　子ども達がさらに考えるようにするためにはどうしたらいい
のか？　といったことをリフレクションするのです。また、そのほかにも次の
ようなことを考えています。

　　・活動に出てくる様々な概念について、子ども達はどのように理解し合っ
　　　ているのか？
　　・様々な文脈の間で、子ども達はどのように概念を利用しているのか？

・言語、算数、自然科学のうち、どの分野に関連する概念を理解する機会があったか？
・子ども達は、得られた学びをどのように関連づけているのか？

例えば、大小の概念に関連して、「長い─短い」「軽い─重い」という他の概念についても扱っていきます。

図3-1　ヴァーガヴィリアのプロジェクトについての考え方

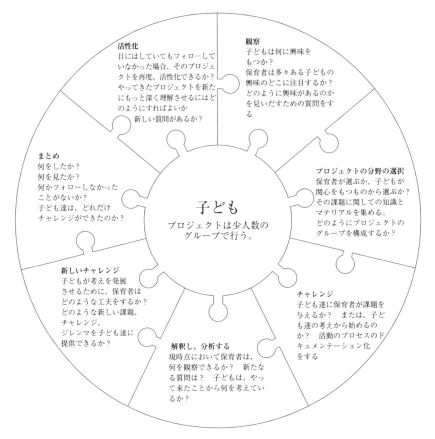

※グラフ内の扇形がジグソーパズルのようになっているのは、「はめ込んでいく」という意味があるからです。（出典："Arbetsplan för Wåga och Wiljas förskola" p.28）

3 プロジェクト活動の実践

子ども達の興味関心を探る

　オルゴナ就学前学校には1歳児から5歳児まで1グループずつあり、5年間同じ保育者が担任を務めています。1歳児クラスは15人ですが、5歳児になると約20人になります。

　1歳の子ども達が初めて入学する時、家庭から子どもが一番好きな歌を持ってきてもらっています。そのなかで一番人気があったのが『三匹の山羊のがらがらどん』でした。この歌は、スウェーデンの子ども達に大人気となっています。トロールが橋を渡る時の音の違い、ヤギの大きさによる振動の上下、また大小といった数学的な概念がたくさん出てきます。

　入学後、この絵本のお話に出てくる場面を自分達でやってみようと、橋を渡りはじめました。森に遠足に行った時も、頭の中に橋の話が残っていたのでしょう。「これ橋になるね」と言いながら、自分達で率先して橋を作りはじめていました。

　また、森に行った時にある女の子が「目の前にある大きな石がタイに行った時に乗った象に似ている」と言いました。自分の経験と目の前にあるものを照らし合わせたのです。するとほかの子ども達が、「象の上に乗っているもんね」と言って、石の上に乗った彼女の真似をし始めました。

　保育者は、観察したこれらのことを、文章や写真でドキュメンテーションに残しました。プロジェクト活動は、このような子ども達の興味を基にして始まるのです。

　次の活動は絵を描くことです。オルゴナ就学前学校の小さなアトリエでは、少人数のグループで子どもが

橋を造る

第3章　アトリエリスタの視点とプロジェクト活動　57

アルマが描く「トロールと写真の橋」

絵を描けるようにしています。保育者の指示がなくても子ども達が自由に粘土や紙、ペンや筆を取り出して絵を描くことができるように、という考えからです。

　保育者が「橋の絵は描けるかしら？」と尋ねると、子ども達は「できるよ」と答えました。また、「何を描いているの？」と尋ねると、「怒ったトロール」とか「橋とヤギ達」とか「橋」と答えてくれました。

　アルマという女の子は「トロールと写真の橋」と答えたあと、「ここに今トロールが走っていて、こっちにいるのがヤギ。トロールは足が速いから、とっても速いんだよ」、それから「ここは草がいっぱいで安全だからすごく太るんだよ」と教えてくれました。さらに、「トロールは橋の下に落とされちゃったから、かわいそうにここにいるんだよ。はーい、おしまい」と、話を終わりまで作ってしまったのです。

　実際の『三匹の山羊のがらがらどん』の話は、トロールが悪者で、お腹が空いたヤギは草が食べられなくてかわいそうという内容です。ここで保育者は、あえて「トロールだってかわいそう。食べないとお腹が空いてしまうんじゃない？」と話し掛けることもしています。

　ここまでは、体を使ったり、森にある木や石を使ったり、アトリエで絵を描いたりしましたが、次に保育者は粘土を使って表現することを提案しました。

粘土は、形を作りやすい材料であるうえ、考えを表現するために、話し合いながら修正することができる素材です。

「これって橋かな？」と保育者が尋ねると、「そうよ。ここにトロールが住んでいるの」と、女の子が粘土を見せました。

ほかの子ども達は、「これが大きいヤギ」とか「これが小さいヤギ」と言いながら小さく粘土を丸めて作っていきました。「このヤギ達はどこに置くの？」と保育者が聞くと、「真ん中よ」とみんなが同時に答えました。

ここでは、ヤギの形を正確に作ることは重要ではなく、保育者はトロールの視点で考え、話の内容をより深く理解することを目的としています。ヤギの形を正確に再現することに焦点を当てると、子ども達は途端にやる気をなくしてしまうと考えたからです。

ヴァーガヴィリアでは、学びについて「今日みんなでできることは、明日には一人でできるようになる」という考えの基、プロセスそのものを大事にしています。そのためには、試行錯誤するための材料が常に揃っていなければなりませんし、個人単位でもグループ単位でもプロセスを考えなければならないとしています。そこに参加しているすべての人が、自己の論理で考えることを通して、明日には一人でできるようになるというプロセスこそが学びであると考えているわけです。

様々な概念の理解へつなげる

『三匹の山羊のがらがらどん』を読むことで、大きい、小さい、真ん中といった算数の概念や、上、下、横といった概念も得られるということを保育者達は理解しました。同時に、子ども達はヤギに興味をもっていることも分かりました。そこで『ペーターと4匹のヤギ』という話を、ヤギに焦点を当てて読むことにしました。すると、新しい言葉や言葉遊び、色を覚えることができ、保育者は子ども達の学びが広がっていくことを感じ取りました。

このあと、保育者は子ども達に再び橋作りにチャレンジすることを提案しました。一つのものを一緒に作るという機会を提供することで、みんなで一緒に考え、問題が起きたらそれを一緒に解決するという場を与えることができるか

らです。それぞれ知識も経験も違う子ども達が、一緒に学ぶ機会となります。

前回は粘土で橋を作ったのですが、より大きなものを作れるように、今度は段ボール箱と紙を使うことにしました。イメージを思い起こすことができるように、机の上で人形劇をして『三匹の山羊のがらがらどん』の話をしました。子ども達は熱心に話を聞き、ヤギやトロルの声を真似ていました。

保育者は「一緒に橋を作れるかな？」と段ボール箱と紙を渡して、この新しい材料を子ども達がどのように扱うのかを観察しました。子ども達は、できる子ができない子を手伝ったりして、お互いに助け合いながら長い橋を作りあげ、「長い」という概念を理解していきました。

大きいものを作ると子ども達はとても興奮したようで、前回以上に積極的にトロールを演じたりして、さらに興味関心を深めることができたようです。橋の上を「そっと」歩く、「がんがん」歩くといった擬態語についても知る機会となり、段ボール箱を使うことで製作テクニックも覚えることができました。彼らは、長さの概念を高さと合わせて覚えたわけです。

『Bygg & Konstruktion i förskolan（就学前学校での建物造り）』（Mia Mylesand, Lärarförbundets förlag, 2007）という本がありますが、そこには、建物造りの目的は「ただ何かを組み立てることではない。子ども達が組み立てる技術を伸ばし、学ぶ場所でもある」と書かれています。このように、それぞれが造ったものを比べ合い、新たな経験をし、組み立てたものを使うチャンスが与えられる場所なのです。一番大切なことは、元々もっていた知識を使って次に何を体験するのか、ということなのです。

次は、子ども達が粘土遊びに取り組んでいる時のことです。粘土でどのようなものが作れるのか、いろいろと試みながら子ども達は会話をしていました。

一人の子どもが、カークネステレビ塔を見学に行き、パンケーキを食べたという話をしました。カークネステレビ塔は高さが約170メートルあり、広い平地が広がる緑の公園に立つ、テレビ、ラジオの受信送信を行っている塔です。日本ではさほど高い建物とは言えませんが、スウェーデンでは高い建物が少ないためにとても目立つ建築物の一つとなっています。

木に登る子ども

子ども達の間でこの話が広まり、別の子どもも家族と一緒に塔に登って景色を見て、パンケーキを食べたことが分かりました。食べ物の話はより関心をひくものです。カークネステレビ塔に対して関心をもつ子どもが増え、タワー作りを始める子どもが増えていきました。

子ども達は作りながら「高い」「長い」という概念を学び、その言葉を日常でもよく使うようになってきました。さらに、高いという概念を体で感じるために、木に登る子どもも現れました。

夏の課題から学びを広げる

先にも述べたように、スウェーデンでは8月の終わりから新しい年度が始まるのですが、就学前学校では夏休みに入る前に夏の課題を出しています。この課題は、春学期と秋学期の活動を結び付けることを目的としています。

課題の題材としては、子ども達がみんなで何か調べたりすることができるものを選びます。自分一人で完結するものではなく、新学期になってからみんなで考えることができるものです。

一方、保育者は、子ども達がどのように話し合い、出会い、考えるかを検討します。また、何がプロジェクトになりうるかも考えます。そして、子どもがプロジェクトを自分のものとして捉えて、取り組む意欲がわきあがってくるように考慮します。

課題は、「数に関するものを探してきましょう」とか「水に関するものを見つけてきましょう」といった内容で、出されたテーマに合ったものを保護者と一緒に探して持ってくるというものが多いです。

第3章 アトリエリスタの視点とプロジェクト活動 61

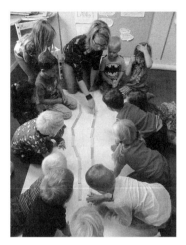

マストの高さを表す　　　　積み木を並べて長さを測る

　3歳児の時、子ども達は『三匹の山羊のがらがらどん』の話から数学的な概念に関心をもつようになったので、この時の課題は、「思い出として、高さについて気になる物を持って来る」というものにしました。子ども達に、自然をよく観察し、何か高い、低いという体験や、発見した物を持ってくるように伝えました。
　デニース（Denice）という女の子は、夏におじいさんが持っているヨットに乗ったそうで、ヨットの高いマストと低いマストについて話をしてくれました。話のあと、デニースは保育者と一緒にマストと同じだと思われる大きさの紙を取り出して、その紙を壁に貼りました。線を引くことによって、マストの高さをみんなに示したのです。さらにその紙を床に置いてみると、紙の向きを変えたことによって長さを感じることにもつながりました。
　子ども達は、積み木を並べて線の長さを測りました。積み木を縦に並べたら14個でした。数えられない子どももいましたが、できる子どもが教えることで、みんなで「14」という数を数えることができました。とはいえ、子ども達が積み木の長さを単位にしたことと、向きを変えたことについて理解ができたかどうかは分かりません。

(右) 1人が数えて2人が積み上げる
(左) 積み木を立てて壁に貼り付ける

　翌日、今度は積み木を横に向けて並べてみました。子ども達は、昨日と同じ線の上に積み木を置いていきました。すると、今度は69個の積み木を使うことになりました。子ども達は、「どうして14個が69個になったの？　同じ線なのに？」と話しています。
　この時、保育者は何も教えないで、そのままにしておきました。子ども達にとって興味深い質問だということに気付き、学ぶチャンスを取り上げないようにしたのです。
　すると、3人の子ども達が69個の積み木を上に積み上げることができるかと試し始めました。1人の子どもが69まで数えられるので、その子どもが数えて、あとの2人が積み上げることにしました。ここでも、できる子どもがいればその知恵を借りて、みんなで進めていくという考え方が表れています。
　積み木の間に接着粘土のようなものを着けながら積んでいましたが、やはり高くなると崩れました。そのため、今度は積み木を下に置いて、少しずつ着けていきました。接着剤を使って着けていくという方法は、以前ほかの場面でも使用していたので知っていたやり方の一つです。接着剤を使ってその積み木を立て、壁に貼り付けたため何週間も崩れず残っていました。

第3章　アトリエリスタの視点とプロジェクト活動　63

　積み上げた積み木の写真を撮り、サムリングの時間に見せることにしました。すると、積み木を寝かせて並べるという、また違った方法で並べることになりました。子ども達は、69個の積み木で作ったものの長さがなぜ違うのかということについて、まだ答えとなる仮説を見いだせないようです。

　ある子どもが持っていた小さい馬の人形をその上に置くと、すぐに橋に見立てた遊びが始まりました。ほかの子ども達も別の動物を持ってきたので、全部で21の動物が並びました。子ども達は、動物と同じように69個の積み木の上に何人の子どもが

並べた積み木を橋に見立て、何歩で渡れるか測る

乗れるかと疑問に思ったようで、69個の積み木を何歩で渡れるのかと測り始めました。

　このように、測り方をいろいろと試していくなかで、いろいろな物を使って長さを測るということにたどり着きました。やがて、同じ大きさでも結果が違ってくるという考えや問いが生まれてきました。

　話し合いの時間をもつと、動物が橋を渡るという話を考え出す子どもも出てきて、ファンタジーの世界にまで広がることになりました。ここで、動物を同じ種類に分けたり、同じ大きさの動物を同じ所に並べるという分類も行いました。実際に見たことがあるのか、どんな鳴き声をしているのかなど、動物についての話し合いも行いました。

　そうするなか、作ったものをひっくり返したりすることで、「高さと長さが同じものなのか」という問いが生まれてきたのです。つまり、この二つの概念に何か違いがあるのだろうか、という「問い」が生まれたわけです。

分かち合い、育ち合う

　子ども達の間では、同時進行でカークネステレビ塔への関心も続いていました。子ども達の間で、テレビ塔は「高い」とか「長い」という概念でよく使われていたので、保育者は行ったことのない子ども達にも体験できる機会を与えたいと考えました。そこで、10月にみんなで行くプランが立てられました。ちなみに、この見学には保護者も同行しています。

　行く前に、テレビ塔に対する子ども達の思いを調べることにしました。ある男の子は、テレビ塔の頂上が星の形をしていることに気付きました。数人の子どもがその形を作ろうとしたのですが、難しいことが分かりました。うまくできなくてふてくされていると、別の子どもが「こうしたらできるよ」と教えている様子が見られたり、「僕はこうやって星を作るよ」と、ほかのテクニックを教えている姿も見られます。

　また別のところでは、「私の星はこんな感じよ」と魚の骨のような星を描いていると、別の子どもが「絵を描いてみたら」とアドバイスをしていました。なかなかうまく描けず戸惑っていると、「僕が手伝ってあげるよ」と言う子どももいました。

　このように、できない時に助けてもらうという経験がとても大切です。これ

絵を描く子ども

第3章　アトリエリスタの視点とプロジェクト活動　65

様々な星①

様々な星②

様々な星③

が学ぶ喜びにつながると同時に、教える喜びにもつながるのです。つまり、自らがインスピレーションを与えることができたという喜びです。子ども達は、この瞬間に自己決定ができていると言えます。このような経験が自己形成の基になるのです。

　子ども達は、様々な物を使って星形を表すことをしました。最後には、最も適した道具を活用して、テレビ塔に付いている本物の星形を作り上げています。そのプロセスで子ども達は、発見したやり方を友だちに見せたり、ほかの子どもの考えややり方が分かるように繰り返し作ってみせました。また、自らがもっている知識を使ってほかのやり方で改めて作ったりもしていました。

　保護者にも協力をお願いしました。保護者懇談会において、現在取り組んでいるプロジェクトは「高い」ということをテーマにしたものであると説明したうえで、保護者にも高いものを作っていただき、就学前学校に飾るようにしました。子ども達の学びを、保護者とも分かち合ったのです。

子ども達の学びの集大成として

「測る」というプロジェクトの一環で、カークネステレビ塔の設計図を手に入れることにしました。設計図を見て、図に何か秘密があるのではないかと考えた子ども達は、どんな秘密が隠されているのかと思いをめぐらしました。子ども達の発想は、本当に豊かなものです。「このお部屋にはお菓子がいっぱい」とか、「このお部屋には海賊がいるのでは？」と、それぞれがイメージを膨らませて絵を描いて、話をしていました。

　夏の課題を補完し、子ども達の考えやファンタジーが入り込める、ちょっと

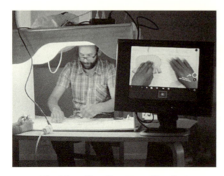
デービッド・リーランダーさん

変わった課題「自分の秘密の部屋の絵を描いたり、好きな材料で表現しよう！」に取り組みました。子ども達は、自分に一番合った方法で素材にアプローチします。今までに得た建物についての経験と知識を使い、自ら想像したファンタジーも交えながら、鉛筆で秘密の部屋のスケッチをしました。子ども達が描いた絵は、これまでに聞いた童話と遊んだ内容に影響されたものとなっていました。

子ども達の学びをさらに広げるために、保育者はアニメ作家であるデービッド・リーランダー（David Rylander）さんを招くことにしました。何と彼は、話を絵と脚本に分けることができると教えてくれました。「始まり」「出来事」「締めくくり」をどのように計画すればいいのかについてサポートしてもらうと、子ども達はすぐに脚本をどのように使い、読んでいくのかを理解していきました。

ここで、子ども達は新しいことを学びたいと思うようになり、グループを作ることにしました。グループの協力を得ることで、それぞれがもっている力を高めることができるのです。つまり、絵を描くことが上手な友だちに映画のイラストを描いてもらうといったように、友だちの能力を借りることで自分の能力につなげることができるのです。

何度も何度も書き直したり、絵を何度も写したりするなかで、やがて子ども達は自らの力を高め、満足のいくイラストを描きあげました。

リーランダーさんからは、コンピュータに関する知識も得ています。大人の力、友だちの力を借りながら、子ども達はアニメ映画「カエルとカークネステレビ塔」を見事に作り上げました。

子ども達は、何か新しいことをはじめる際には必ず自分ができることをほかの友だちと分かち合っています。もちろん、自分だけの世界でやっている子どももいますし、自分はやらないで、ほかの子どもがやっているところを遠目に

第3章 アトリエリスタの視点とプロジェクト活動　67

描き上げたカエル

見ているだけの子どももいます。これらの子ども達がよくないということではありません。どの子どもも素晴らしい知識や能力をもっています。そして、これらが混ざり合うとさらに素晴らしいものになるのです。

　プロジェクトの遂行において大切なことは、見ているだけの子ども、やらない子ども、友だちの手助けによってできる子どもなど、様々な子どもがいるということを理解して、子ども達にたくさんの機会と材料を与えることです。

　5歳児クラスのプロジェクトの最後に、プロジェクトで何を学んだかを伝える文章とイラストを入れた新聞を作りました。カークネステレビ塔を再訪した際、子ども達がガイドさんに、テレビ塔について学ん

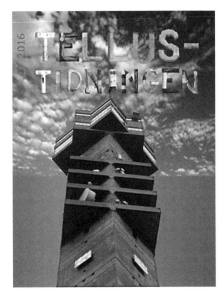

テレビ塔の新聞

だことを話していました。子ども達は、「テレビ塔の色はどの色とどの色を混ぜて出すのか」とか「どのような材料を使ってこのテレビ塔を造っているのか」といったようにとても難しい質問をして、ガイドさんを驚かせていました。

このプロジェクトを通して、協力すること、民主主義の価値観、国語、算数、物理などについても子ども達は学びましたが、子ども達のなかにはそれらを学んだという意識はありません。子ども達が興味をもったことを、「民主主義の考え方や、みんなで知識を出し合って助け合うという理念に基づいて活動した結果、数学的な概念だけに偏ることなく、いろいろな分野の知識が増えたのではないか」と保育者は考えています。

プロジェクトでの保育者の役割

プロジェクトを進める時、保育者は次のようなことを考えています。例えば、森に行って子ども達と花を摘んだとします。そこには、白い花だけがあったとします。保育者は、子ども達の興味が、何枚の花弁があり、何枚の葉っぱがあるかといったことに集中していれば、その知識を増やすように援助します。

そして次に、ほかの材料、例えば絵の具のようなものを提供します。そうすると、色のこととか、いろいろな色を混ぜるといった知識を得ることに子ども達の興味が広がります。材料を変えることで異なる知識が得られるのです。

また、ガラス花瓶に花を入れておくと、葉っぱや色のことだけに興味をもつのではなく、「どうしてこの色に変わったのだろう」とか「どうして枯れちゃったんだろう」と、生物学的な知識に興味をもつようになります。

上記のように、花をプロジェクトのテーマにするのであれば、材料を変えることによって学ぶ知識や得る知識が変わります。つまり、子ども達は様々な材料で表現することによってたくさんの知識が得られるのです。このように、様々な所で学ぶ機会を与えることが保育者の役割であり、それができるようにいろいろなアプローチをすることが大切なのです。

保育者にとっての教育ドキュメンテーション

ウェンドラー由紀子

1 教育政策の変化が理由で学び直し

　スウェーデンでは、1998年に「就学前学校カリキュラム」が作られました。その後、2010年と2016年、そして2018年春に改訂がされています。初版と2010年の改訂における一番の違いは、保育者はリフレクションを子どもと一緒に、または保育者同士でしなくてはいけないという点にあります。

　スウェーデンのほとんどの就学前学校では、保育チームが決められた一定の数の子ども達とともに働いています。カリキュラム改訂の目的は、一人の保育者が自分勝手に、子どもまたはほかの保育者の意見を省みないでプロジェクトや活動を行うことを回避するためだと私は思っています。

　「就学前学校カリキュラム（Lpfö98）」の最初の一言が「就学前学校は民主主義の考えのうえに作られている」となっているように、民主主義を大事にするというスウェーデンの考え方がこの改訂にも反映されていると言えます。

　教育的ドキュメンテーションは、リフレクションをするための道具として、2012年に学校庁から紹介されました。それゆえ、スウェーデンの保育者にとっても、教育的ドキュメンテーションはまだ新しい教育のツールだと言えます。

　ここでは、この教育的ドキュメンテーションを使うことがいかに子どもの学びの場を変えていくのか、プロジェクトの一例を挙げて紹介していきます。また最後に、日本でどのように教育的ドキュメンテーションを使えばよいかについて、スウェーデンの現場に立つ就学前学校の保育者としてお話をします。

　2003年に私はスウェーデンに移り住み、スウェーデン語を2年間学んだ後、准保育士コース課程で1年間学び、2006年から7年間にわたって就学前学校の

准保育士として３歳から５歳児の各グループの保育を行ってきました。

そして2012年、国がすべての就学前学校（公立私立とも）を対象にして、保育者の国家資格を2015年までに見直すように指示しました。就学前学校教師の免許の査定はそれまで比較的甘く、小中高の教師に比べて審査が厳しくなかったのですが、学校庁が就学前学校教師のステータスおよび賃金を上げることによって、就学前学校の質の向上をめざしたのです。

それまでは、准保育士と就学前学校教師には仕事の違いも格差もあまりありませんでしたが、2010年から就学前学校の保育者が教育的ドキュメンテーションなどを積極的に使い、リフレクションしなくてはならないようになったため、就学前学校は准保育士を雇用することに消極的になり始め、就学前学校教師を積極的に雇用するようになりました。

当時、私は正社員の准保育士として就学前学校で働いていましたが、将来、もし職場を変わりたいと思った時に再就職が難しくなると思い、2012年、ストックホルムにあるソーダトーン大学（Södertorns högskola）に入学して、仕事をしながら就学前学校教師の資格を得るために勉強を始めることにしました。そして、2015年６月に卒業しています。

2 大学で教育的ドキュメンテーションをどのように学んだか

入学した大学のプログラムは、「経験者コース」と言って、就学前学校において３年以上フルタイムで働いている准保育士用のものでした。68人の募集に対して850人以上が応募をするという高い倍率だったのですが、それだけ2010年から就学前学校教師の需要が増えていたということです。

経験者コースだったことから、学生として来ている者はすべて何年も就学前学校で働いているプロばかりでした。大学では、生物、科学、物理、美術、心理学、数学、国語、保育の歴史、歴代の保育者などについて学んだのですが、そのなかでも私は、教育的ドキュメンテーションの授業をとても楽しみにしていました。というのも、教育的ドキュメンテーションは、2010年の改訂後からほとんどの就学前学校で保育者が（准保育士、就学前学校教師または加配[1]の

保育者まで）数回研修などで学んでいたのですが、実際に使っている就学前学校がほとんどなかったからです。

　授業は、グループで教育的ドキュメンテーションに関する教材を読み、その内容のディスカッションをし、最後に、グループで決めた架空の場面をドキュメンテーションとして使用し、どのようにプロジェクトを進めていくか、そして省察するかを、一人ひとりがレポートにまとめていくという形で進められました。

　ですから、正直なところ、大学の授業で実践的なことを学んだことはあまりないように思えました。教育的ドキュメンテーションは理論から学ぶものではなく、実際に自分でやってみないと使えるようにならないのですが、受けた授業は理論が中心であったため、このように感じたわけです。

3 大学を卒業したあとの実践にあたって

　大学で読んだ多くの文献のおかげで、教育的ドキュメンテーションは、今保育者が行っている保育の仕方を見つめ直す道具／ツール（verktyg）であるということが分かりました。それは、保育者がどのように保育活動をしているのかをリフレクションすることを助けるためのものです。このリフレクションにおいて一番大切なことは「一人でしない」ということで、必ず子ども、またはほかの保育者とともに行わなければならないのです。

　子どもやほかの保育者と一緒にドキュメンテーションを使わないといけないのですが、「ドキュメンテーションを使う」とはどういうことでしょうか。スウェーデン語で言うところの「ドキュメンテーション」は、子どもが何かをしている動画や写真、あるいは子どもが作ったものなどを意味しています。一方、教育的ドキュメンテーションとは、それらを使って話し合い、省察するといったリフレクションの行動すべてを示しています（**資料2**参照）。

　つまり、写真を一人で見ているだけでは教育的ドキュメンテーションにはな

---

(1)　生まれつきの発達障害などで、他児と同じように保育園の生活を送ることが難しい子どもに配慮を加え、生活を支えること。

らないのです。子どもが拾ってきた石について話をしてくれれば、その時に石を見ながら子どもが経験したことや抱いた興味などが分かります。一緒に行った公園や森で撮った写真を見たり、子どもが何気なく話しているところを動画に撮って一緒に見て、「何をやっているの？」とか「何が面白いの？」などといった質問を繰り返すことで子どもの興味が分かり、保育者も現在の保育環境をより質の高いものにすることができるのです。

　好きなことは、言われなくても子ども達は自分で行っていきます。興味が彼らを動かすのです。それゆえ、子ども達が興味をもっていることからプロジェクトを進めます。子どもがまったく興味を示さないことを保育者は進めてはいけません。いくら大切だと思うことでも、保育者は一人よがりのプロジェクトを立ててはいけないのです。興味がなければ、子ども達は付いてきてくれません。だから、ドキュメンテーション（写真など）を一緒に見て、子どもの頭の中をのぞく必要があるのです。

　次に大事なこととなるリフレクションの相手は、保育チームのメンバーとなります。スウェーデンでは、ほとんど2〜3人が一つのチームとして働いていますので、ほかの保育者と教育ドキュメンテーションを使って活動を広げていくことになります。そのため、チーム全員が教育的ドキュメンテーションを使えなければなりません。

　基本的に、ドキュメンテーションを用意するのはチーム全員の仕事となります。就学前学校保育者課程を終了している保育者は、教育的ドキュメンテーションを使いこなし、実践で使う時には中心となるべきですが、活用経験のない就学前学校保育者が講習などを受けただけの場合は、使い方を知っている准保育士や加配の保育者が中心になってやっているところも少なからずあります。

　とはいえ、数時間のコースを受けたからといってすぐに教育的ドキュメンテーションが使えるようになるわけではありません。たくさんの文献やセオリー、そして教育カリキュラムを理解し、幾度も実践を重ねたうえで取り組まなければなりません。

　就学前学校教師がプロジェクトに対する責任をもち、准保育士達は保育だけに集中するといった「教育（education）」と「保育（care）」を分けている就学

前学校もあります。私の勤務先では、就学前学校教師が保育活動の責任者となりますが、基本的にはみんな同じことをするという方式をとっています。そのため、私の勤務先では仕事内容にそれほど差がありません。

　人にはそれぞれ、得意分野と不得意分野があります。また、一つの写真（ドキュメンテーション）を見ても、自分が生まれ育った環境などが理由でその感想も違ってきます。つまり、正解はないということです。そのため、チーム内で話していると、子どもの喜びそうなプロジェクトのアイディアがドンドン出てきます。もちろん、このような状態をめざしているのです。

　もう一つ、リフレクションをする際に大切なことがあります。それは、保育者が自分の置かれている立場を、多面的な視点で見るということです。

　子どもと保育者がドキュメンテーションを使ってリフレクションをする目的には、就学前学校の環境をよい方向に変えるということもあります。例えば、1枚の写真を見て、なぜこの子どもは保育者が「ダメだ」と言っていることをしてしまうのだろうかと保育者同士で話し合うと、いつもイタズラをする子どもにとって興味のある玩具がないことに気が付きます。保育者がこの子どもが好きな玩具を並べたら、その子どもは集中して遊ぶようになるのです。

　さらに、何気なく保育者同士で動画を見る時にも大切なことに気付きます。保育者が子どもと真剣に向き合っているか、子どもに話し掛ける時に命令調になっていないか、また保育者だけが話していて、子どもに自分の意見を言う機会を与えていないかなど、環境以外の保育に対してもドキュメンテーションは改善の道を開く道具になります。

　自分の話している姿を見るのは苦痛ですし、同僚から批判されるのもあまり面白くはありません。でも、これらをすることによって、自分では分からない短所や長所が見えてきて、以後の保育活動を改めることができるという機会になるのです。

　教育的ドキュメンテーションは道具ですので、保護者に見せるために随時発表をする必要はありませんが、今何が就学前学校で起きているのか、何を子ども達は学んで、何に興味をもっているのかを知らせる道具にはなります。

　このようなセオリーを大学で習ったあとに実践した時、一番大変だなーと思

ったのは、チームの保育者が教育的ドキュメンテーションの意味をよく理解していなかったためにリフレクションができないこと、そして、保育者自身が否定的な態度をとったり、拒絶したことなどが理由で、教育的ドキュメンテーションそのものが行えなかったことです。

建設的な保育の改善、またはプロジェクトを始めるにあたって、ドキュメンテーションを見ながら子ども達の意見を聞いていかなくてはならないのですが、チーム全員が理解していなかったり、保育に対して熱意がなかったりすると、リフレクションはとても困難となります。

4 日本で教育的ドキュメンテーションを始めるにあたって考えること

スウェーデンで教育的ドキュメンテーションを自分の保育チームや就学前学校で行おうとしても、保育者の知識や理解に差があり、リフレクションにおいて困難を極めたという経験があるだけに、日本の保育現場でいきなり教育的ドキュメンテーションを使うには苦労が多いと思います。それに、日本の大学などでは学んでいないと思いますので、いくつかアドバイスをしておきましょう。

前節で述べたように、教育的ドキュメンテーションは保育者がどのように保育活動をしているか、リフレクションすることを行うためのツールです。例えば、IT を使った保育者間の連絡を導入するためには、1 人だけがアプリケーションの使い方を理解していてもほかの保育者に使えるだけの知識と能力がなければコミュニケーションが取れませんから、新しい技術を届したアプリケーションも意味をもちません。それと同じように、教育的ドキュメンテーションも、保育者全員がある程度は使えるようにしておくことが大切となります。

教育的ドキュメンテーションを行うことで、子どもが何に興味をもっているのか、自分はその場にいた時には気が付かなかったことが、あとでほかの保育者や子ども達とともに写真や動画を見ることで分かるようになります。例えば、なぜ子どもは集中して活動できないのか、なぜこの子どもはいつも同じことをして叱られているのか、この子どもは何をしようとしているのか、といったことです。

第4章　保育者にとっての教育ドキュメンテーション　75

例を挙げてみましょう。

　1歳半の子どもが積み木をいつも投げています。大人の目から見ると、イタ
ズラをしているように見えます。なぜ、この子どもはこのような行為を一生懸
命しているのでしょうか。写真や動画をほかの保育者と一緒に見ることによっ
て、もしかしたら、積み木が落ちる音を楽しんでいるのかもしれないと気付け
ます。また、落ちる速度を調べているのかもしれないとか、落とした時に大人
がどんな反応をするのか試しているのかもしれません。このように、様々なこ
とが浮かんでくるのです。

　これまでは、この子どもに注意をして終わっていたと思いますが、教育的ド
キュメンテーションを行うことで一気に保育活動の幅が広がり、この子どもに
は何が必要なのかと考えるようになります。積み木のほかにブロックを置いて
みたり、音があまりしない軽いものなど、どのような玩具を子どものために用
意したらいいかが分かるようになります。

　保育者が気に入ったものだから、可愛いから、親が喜びそうだからといって
アルファベットが書いてある積み木を用意しても、子どもの関心や興味から出
発する保育活動、またはプロジェクトは進んでいきません。アルファベットに
まだ興味がない子どもの場合は、積み木をして遊ぶだけで、「文字を覚えてく
れる」という結果にはなりません。なぜなら、その子どもの興味はアルファベ
ットにはないからです。

　先にも述べたように、教育的ドキュメンテーションは、今置かれている保育
環境や保育者の子どもに対する態度などをリフレクションすることによって改
めることができるという効果も期待できます。

　現在2歳半の子ども達が、去年通っていた1歳半の子ども達と同じ玩具に興
味をもつとは限りません。日本では考えられないかもしれませんが、スウェー
デンでは8月に新しい学期が始まると、そのグループや子どもに合わせて玩具
や環境をかなり変えています。すべてを買い直すわけではありませんが、時に
は、大掛かりに就学前学校の室内環境を変えることもあります。なぜならば、
環境は「第三の教師」と考えられているからです。

　保育者達も、子どもを取り巻く環境も、子ども達にとっては「モノ（Objekt）」

なのです。保育者は、就学前学校のなかではなくてはならない大切な存在です。その存在がないと保育活動も始まりません。その保育活動を行う保育者がいがみ合っていたり、意見が合わなくて、それぞれ違うことを言って子ども達を混乱させていないでしょうか。保育者によって態度が違っていたり、声のトーンがいろいろだったりすると、子ども達が保育者をよいお手本として見ているとは思えません。

　自分が映っている動画などを見てリフレクションすると、辛いこともありますが、自分一人がお遊戯の時間に張り切っていて、子ども達がついてきていない様子や、サムリングの時、子どもの意見を聞かないで自分だけで話をまとめていることなどが分かります。教育的ドキュメンテーションを保育者会議で行うことによって、自分達が改めなくてはいけないことも多々出てくるのです。

　このように、教育的ドキュメンテーションは、ITのアプリケーションのように保育の環境、保育の活動、保育者の態度などを見直すツールとなりますので、保育者全員がスタート地点である程度目的を理解して使い始めることが最初の一歩となります。

　その後は、何度も使って練習をして、お互いの意見を尊重し合いながら続けることに尽きます。教育的ドキュメンテーションは魔法のツールではありませんし、ドキュメンテーションを読み取り、考察する時には正解がないということも忘れないでください。

　先ほどの積み木の事例をもう一度見てみましょう。

　1歳半の子どもが積み木を落とすことに興味があるようだと理解したら、チームでとりあえず様々なタイプの玩具を並べたりして、まずは子どもに与えてみましょう。もしかしたら、この子どもはまったく興味を示さないかもしれません。しかし、ほかの子どもが興味を示すかもしれません。そして、その子どもが遊んでいるのを見て、積み木を落としていた子どもが戻ってきて、積み木以外の玩具を使うことで遊びを広げていくかもしれません。

　もし、何も起きなかった場合は、思い切って進めていたことをやめるという勇気も必要です。そのためには、再び新しいドキュメンテーションを揃えて、

なぜ子ども達は新しく揃えた玩具で遊ばないのかを省察していくのです。

　これが、教育的ドキュメンテーションの行い方です。そして、これらの活動をドキュメンテーション化(2)することによってプロセスを残し、それをもとに省察をし、次に何を改善すればいいのかについて話し合う、つまりリフレクションを行うのです。

　教育的ドキュメンテーションによってプロジェクトを進めていくうえで大切なことは、結果ではなく、このリフレクションしていくプロセスです。いろいろな読み取りや分析をして、様々なことを試してみて、振り返ってみたら「こんなことを子ども達はしていた」ということが分かればよいのです。

5 教育的ドキュメンテーションによって保育のあり方がどのように変わったか

　教育的ドキュメンテーションを使った保育の素晴らしさは、スウェーデンの保育者達も頭では分かっているのですが、やはり従来通りの保育者による保育がまだまだ先行しているところもあります。プロジェクト活動などにおいては、保育者が子どもの興味などを想像したり、予想したり、または保育者としての責任感から子どもの考えを無視したものにどうしてもなりがちです。ましてや、教育的ドキュメンテーションを使って保育をめぐる環境や保育者の態度を変えていくという使い方は、「ほとんど使われていない」と言っても過言ではないでしょう。

　その理由の一つとして、保育活動をリードしていくはずの就学前学校教師のほとんどが2010年以前の学士課程修了者であり、現在はまだ多くの就学前学校教師が教育ドキュメンテーションのゼミを大学で取っておらず、使い方が分からないということが挙げられます。さらに、就学前学校教師の周りにいる准保育士などはもっと使い方を知りません。使い方を知らなければできないので、使えない保育者が多い就学前学校ではあまり使われていないというのが現実です。

---

(2)　写真や動画を撮ってそれを記録すること。プリントアウトして壁に展示したり、タブレットに直接保存しておくことをドキュメンテーション化と言います。

78　第Ⅰ部　スウェーデンにおける教育的ドキュメンテーション

私が勤務している就学前学校でも、全員の保育者が常時利用しているとは言えません。しかし、教育的ドキュメンテーションを取り入れようと、現在も日々努力を行っています。知識を広めようと、私が就学前学校内で講習会などを開いたり、興味がありそうな保育者に使い方を教えたりして精進しています。

教育的ドキュメンテーションを使うようになって一番変わったことは、プロジェクト活動をするにあたって、プロジェクトをどのようにして終わるかについて予定が立てられなくなったことです。子どもの興味というものが出発点にあるため、子どもの興味がなくなった途端にプロジェクトの方向転換をしたり、用意してあった活動などを中止するといった場合もあるのです。

教育的ドキュメンテーションを行わないで保育者が決めたレールの上を子ども達に歩かせる場合はリフレクションを必要としませんので、保育者会議の時間も少なくてすみます。しかし、保育者会議は、子どもの興味がどこにあるのか、今の保育が子どもに合っているのかを随時知る意味においてとても重要なものです。私の勤務先では、毎週2.5時間はチームで話し合うようにしています。

2006年に就学前学校で准保育士として働き始めた頃は、今思うと保育者会議は実技的なことばかりに時間を費やして、リフレクションにはほとんど時間を使わず、結果論ばかりで建設的な会話があまりありませんでした。たぶん、保育者達の記憶だけに頼って保育を回想していただけで、必要となる建設的な改善については話すことができなかったのでしょう。

ドキュメンテーションを見てみると、いかに子ども達が興味をクルクルと変えながら行動をしているか、また、それにあわせて保育活動が柔軟に変わっていったのかのプロセスがよく分かります。保育のあり方が、保育者目線というトップダウン方式から、子ども中心の、子どもを一人の人間として扱う民主主義の考えに則ったもの変わりました。このことが、教育的ドキュメンテーションによって変わった点であると言えます。

6　実践事例——ピノと一緒に文字を集めよう

最後に、2016年１月から６月までの春学期に行った、教育的ドキュメンテー

ションによるプロジェクト活動を紹介します。

2016年1月当時、私のグループは、2011年生まれの子ども12人と2012年生まれの子ども2人で構成されていました。普通は、子ども14人に対して保育者2人ですが、保育上の必要があったため、子ども14人を就学前学校保育者、准保育士、加配の保育者という3人で担当していました。プロジェクトを小さなグループに分けて活動する場合もありますが、私達のグループは、子ども同士の関係ができていたため、ほとんどの活動に全員で取り組みました。

3種類の保育活動

スウェーデンでは、前述したように、保育者が考えたプロジェクト活動、子どもと一緒に保育者とつくっていくプロジェクト活動、そして教育的ドキュメンテーションを使って進めていくプロジェクト活動という三つのタイプで保育活動が進められているように思えます。

まず、最初の保育者が考えたプロジェクト活動というのは、子どもが習うべきだと保育者が子どもを観察する前に決めて、目標を立てて進めていくものです。例えば、コミューン（日本の市に相当）の申し出で学校全部に活動指導が出ている場合、それに従ってすべての子ども達に同じ活動をさせるのです。具体的には、いじめ対策、スウェーデン語の強化[3]、またはIT強化などです。

このようなプロジェクトは、個々の子どもの興味などが出発点になっていませんので、ある時は子ども達が活動について来られない場合もありますが、保育者達が様々な方法で子ども達に興味をもたせながら進めていっています。

二つ目は、従来の保育において保育者が子どもを観察して、子どもが好きそうなことを見つけてプロジェクトを進め、目標も決めていくというものです。例を挙げると、保育者一人と子どもとの何気ない会話で、子どもが好きなテレビ番組に合わせてプロジェクトを行うというやり方です。このプロジェクトの進め方と、三つ目の教育的ドキュメンテーションを使って進めていくプロジェクトの違いは、「観察」と「リフレクション」が省かれていることです。その

---

(3) スウェーデンの多くの地区では、移民の子ども達はスウェーデン語を母国語としていない場合が多いため。

ため、思い立ったらすぐに始められるという点が特徴となっています。

　３番目の教育的ドキュメンテーションを使ってプロジェクトを進めていく方法は、前述したように、子どもが示す興味の観察にとても時間をかけることが特徴となっています。たくさんの写真や動画を見て、保育者同士で観察し、リフレクションで子どもの興味や関心がどこにあるのかを探り合い、そして子どもにも同じようなものを見せて、何をしているのか、何が楽しいのかについて粘り強く探っていくことになります。

　教育的ドキュメンテーションを使ったプロジェクトを進めるにあたって一番大変で、なおかつ大切なことは、この観察やリフレクションであると言えます。

名前も書けなかった子どもが、14個の単語が分かるようになった

　2016年１月、子ども達がクリスマス休みから戻ってきました。それまで何気なく使っていた出席を確認するための名前付き写真に、子ども達が興味を見せていることにこの時初めて気が付きました。

　私は絵を描くことが好きなのですが、子ども達は最初に描いてもらおうと私の周りを囲んで、誰が先に描いてもらうのかと話し合っていました。子ども達はとてもよい子どもばかりで、ケンカをするわけではありませんが、おとなしい子どもが活発な子どもに負けて、いつも最後のほうの順番になって、時間切れのために描いてもらえないということが何度かありました。

　そこである日、私は紙の上に子どもの名前を順番に書くことにしました。すると、子ども達は生まれて初めて見たのでしょう、それが何のために使うものか、何を書いているのかと私に尋ねてきました。というのも、私はこれまで何やら書いてあるものを見て絵を描く順番を決めていたので、子ども達は自分の名前がどこにあるのか知りたかったのです。

　しばらくして、私は番号だけを紙に書いて、子ども達に自分の名前を書くように、そして順番は子ども達自身で決めるようにと伝えました。１月時点で、自分の名前をすべて書ける子どもはほとんどいませんでした。また、自分の名前は書けますが、ほかの子どものスペルが分からないため、自分の順番がどこにあるのか分からないという子どもがほとんどでした。

第4章 保育者にとっての教育ドキュメンテーション 81

　自分の名前が分からない子ども、文字がまったく書けない子どものために書いてあげようとする子ども、そして、友だちの名前を覚えたい子どもなどが、次々と名前付き写真の前に紙を置いて練習を始めました。

　常時、子ども達が私に絵を描いてとせがんでくるところを写真に撮り、それを見せて「何をしているの？」と子どもと話し合っている時、ある重大なことに気付きました。担当しているグループの部屋に、机と椅子、そして紙や鉛筆がまったくなかったのです。私はいつもアトリエに子ども達を誘って描いていたのですが、アトリエはほかのグループが使っている時もあるので、好きな時に描くことができなかったのです。

　これまでグループの子ども達は描くということにあまり興味をもっていなかったので、紙や鉛筆、机などを揃える必要がなかったとも言えます。それより、ぬいぐるみやブロックなどが好きで、グループの部屋ではいつもそれらで遊んでいました。ところが、子ども達が紙をアトリエから持って来て、床や絨毯の上で描いている姿を見て、私は急いでクローゼットに眠っていた机や椅子、そ

友だちの名前を書いている子ども

あっという間に、子ども達がたくさんの時間を過ごすことになった机と、鉛筆ケース。保育者が使っているリスト表を子ども達に見せると、多くの子ども達が真似をした

して紙とペンを部屋に置いてみました。すると、あっという間に、そこが子ども達の憩いの場所に変わってしまったのです（前ページの写真参照）。

これが、教育的ドキュメンテーションを使うことによってリフレクションされ、改善された保育の一例です。ドキュメンテーションを見ていなければ、たぶん環境を変えようとは考えなかったでしょう。

その後、一人の子どもが、保育者がリストなるものを毎日チェックしており、そこには自分達の名前がすべて書かれてあることに気付きました。そこで私は、壁に貼ってある写真の所まで行かなくてもそのリストを見れば自分の名前を子ども達が簡単に探せるのではないかと思い、書いた順番表を置いてみました。すると、たくさんの子ども達が自分のリストを作りたがったのです。

その時に動画を撮って、子ども達の話を聞いてみると、写真が付いていないリストは誰が誰であるか、全員がきちんと分かっていないことが明らかになりました。その他、自分や友だちの名前を書くことが面白くなってきた子ども達が、まったく興味のない子どもに自分の名前がどんな形をしているのかを教えたり、自分の名前をアルファベットのブロックで作ってみたりしている様子が観察できました。

（左）自分の名前がどんな風にかけるか分からない子どもが、一つ年上の友だちに聞いているところ
（右）自分の名前をブロックで作って、見せている

その様子を見て、保育者同士で子どもが文字に興味があるみたいだと話し合っていましたが、この段階では、プロジェクトを文字や言葉にしようとはまだ決めていませんでした。

2月に入るとすぐに雪が降りました。サムリングの部屋にはベランダバルコニーがあり、そのドアを開けるとたくさんの雪を取ることができます。雪を外から取り入れ、それを室内に置いておくと水になり、その水をまたドアの外に一晩中置いて氷になるという実験をしました。その時、「雪」「水」「氷」という言葉を何度も使いました。

子ども達にその言葉を覚えてもらおうと、私は三つの言葉をプリントアウトし、プラスチック加工をして、どれが「雪」や「水」という文字で、どの物質が「水」なのか、子ども達が遊びながら学べるようにサムリングの時間に紹介しました。その後、見やすいように、ドアに取り外しができるようにそれらを置いて様子を見ていたところ、子ども達はどの文字が「氷」「水」「雪」なのか、パズルのようにして遊び始めたのです。

ここまでは私も予想していましたが、観察を続けていくうちにとてもびっくりしました。何と、子ども達は、それらの文字を写真入り名前の時と同じように書き写していたのです。

サムリングでどの文字が氷、水、雪なのか教えているところ

友だち同士でどれが雪、氷、水なのか話し合っているところ

水という文字を書いているところ。友だちも興味津々。

これらを観察して、チームの准保育士達に意見を聞いてみました。就学前学校の保育者である私は、保育活動全体において責任をもってプロジェクトを進めていかなくてはなりませんが、だからといって独りよがりでプロジェクトを進めてはいけません。保育者会議の時間に、今まで保管しておいた写真や動画を見せて2人に意見を聞いたのです。

　2人とも私と同じように、グループの子ども達は文字に興味があるようだと賛同してくれました。動画を見ながら子ども達の話を聞いていると、子ども達には好きなキャラクターや趣味などがあり、それに関する多くのことを、いつも絵や文字を書きながら話していることにも気付きました。それから1か月半が経って、やっとプロジェクトを「言葉（Språk）」に決めています。

ピノの登場

　それでは、どうやって言葉をプロジェクトにしたらいいのでしょうか。先に述べたように、子ども達の興味があることや、見ているテレビや家でしていることなど、子ども達の興味や関心があることを文字にできたらと考えました。

　最初は自分の名前に興味があるだけだと思っていたら、「氷」や「水」などの単語さえも覚えようとしている姿を見て、興味があることなら何でもいいのではないかと思ったのです。そして、それを共有することができ、みんなでそれらの単語が覚えられればよいと考えました。

　その時私は、ジェンダーのことも配慮して、中性的な「ピノ」という熊をマスコットにし、その熊が週末に一人ひとりの子どもの家におじゃ

飾られたクラスのドア

まをして、一番興味のある単語を親と一緒に書いて持ってきてもらうことにしました。

ピノは、私のグループ教室のドアに貼りました。こうすれば、親にも子どもにも、私のグループで今何のプロジェクトをしているかが一目で分かります。ドアにはスウェーデン語で、「僕達、私達はここに文字を集めている」と書いてあります。その下には、ピノが大きな白い空っぽの袋を持って、文字（単語）が入るのを待っています。

今週、ピノが誰の家に行くかは、民主主義の定番であるく̇じ̇引̇き̇で決めました。保育者が順番を決めてはいけません。なぜなら、保育者のような大人が子どもの上に立って命令するような活動は民主主義ではないからです。私は、ピノが子ども達の名前が書かれた札を毎週袋から取り出して、どの子どもの家に行くかを決めました。保育者にも、誰の番になるかは分からなかったわけです。

く̇じ̇を引く日は木曜日で、ピノが帰ってくる日は月曜日と保護者にお願いしました。その理由は、保護者のなかには単語（文字）を選ぶことを忘れてしまったり、ピノを返し忘れる場合があるからです。月曜日であれば２日の余裕がありますし、月曜日にピノを返してもらってから私がまず単語を見て、３種類

（右）ケーキという文字をパズルにして単語を練習しているところ
（左）ピノの袋に初めの単語が収まった

のカードを作るだけの時間が必要だったからです。それを、ピノの袋と一緒に子ども達に見せることにしていました。

木曜日にピノが何という単語を友達と選んだのか、そして、次にピノが泊まりに行く友だちを選ぶためにくじ引きをしました。子ども達はワクワクして、今週の友だちがどのような単語を選んだのかを尋ねてきました。

保護者達には、その単語を選んだ理由を書いてもらいました。それを読んだあと、まずは単語をアルファベット一字ずつに分け、バラバラにしたものをプラスチック加工してパズルのように使えるようにしました。その後、もう一つ大きな文字の単語を用意し、その裏に保護者が書いたメッセージを貼って同じくプラスチック加工したあと、少し小さ目の文字でピノの袋に貼るためのカードを用意しました。3種類のカードというのは、これらのことです。

14週間、毎週子ども達のために月曜日から水曜日の間にこれらを用意したのです。掲載した写真（前ページ右側）には、今回順番にあたった子どもが誕生日だった日にピノがお泊まりに行ったので、誕生日会の時に食べた「ケーキ（Tårta トルタ）」という単語が写っています。

単語をバラバラにすると、大文字の「T」と小文字の「t」が出てきます。こ

どんどん単語が増えていっても、窓からは答えが上からぶら下がっているので大丈夫

単語を子ども達が見ることができて、触れられるようにドアにかけておく。「ケーキ」という文字が表に書いてある

ケーキという単語の後ろにはケーキの写真が。これなら忘れてもすぐ思い出すことができる

れはとても重要なポイントとなります。子どもの目線で考えていない保育者は（ほとんどのスウェーデンの就学前学校はそうだが）、必ずすべての文字を大文字で教えているのです。でも、言語研究者に言わせると、文の95％は小文字でできているので、最初に教えなくてはいけないのは小文字であるということです。

ケーキという単語をパズルにすると、「T」と「t」が出てくるので並べるのが難しいです。「T, å, r, t, a」とバラバラになった単語を、見本を見ながら何度もみんなでサムリングの時間に練習しました。

その後、別のカードの「ケーキ」という単語をピノの袋に貼ります。これで、ピノは一つ単語を集めたことになります。そして、ケーキと書いた単語をパズル化して窓から吊るし、取り外しができるようにして子ども達が遊べるようにしました（写真参照）。単語が増えていくに従って、窓には吊された単語のパズルが増えていき、子ども達は時間があればそれを使って遊んでいました。

のちに、ピノのプロジェクトの一環として、身体でアルファベットを表すという活動もしました。これらのアルファベットは、食事をする部屋にいつも見えるように貼っておきました。もちろん、いつでも子ども達が見られるようにということが目的です。

子ども達と一緒に何日かかけて体でアルファベットを作る

テーブルの上にもアルファベットを貼った。2人の友だちがアルファベット順に並べるのを手伝ってくれているところ。

子ども達は、「ここで D の縦の線をやっていて、これはデーと読むんだよ」とか「この文字は難しかった」などと教えてくれ、この活動でどんなことを覚えたのかも分かりました。

前ページ右端の写真で分かるように、私は 1 日のうちで一番長く座っていられるランチルームにドキュメンテーションを置いて、他の保育者も子ども達と一緒にリフレクションをし、子どものコメントなどを壁に貼ってある紙に書いてもらうように頼みました。また、加配の保育者と准保育士が、すぐに子ども達のコメントを書けるようにと、壁に鉛筆を取り付けておきました。なぜならば、子ども達が何を学んでいるのか、またはどこに興味があるのかを知りたかったからです。

このプロジェクトの間に、ある日階段で、子ども達が ABC の歌を歌いながら上がってくるのを聞いています。また、別の日には、子ども達がふざけながら階段を走ったり、ある時はつまらなそうに階段を上がっている様子を写真に撮りました。何が足りないのかをチーム以外の保育者達と話し合ったところ、プロジェクトのテーマが「言葉」なのでアルファベットを階段の壁に張ったらどうかとなり、階段に貼ることにしました。

プロジェクト中、毎日、子どもが大好きな写真入りのネームプレートを使って出席を取ることにしました。壁に黒い線で家と就学前学校を描き、側に取り外しができるようにした「0」から「14」（7 は 2 枚）までの数字とネームプレートを貼っておきました（右の写真参照）。

朝来ると、子どもはネームプレートを家から就学前学校に移します。14 人のグループなので、休みの子どもが 1 人いると、数えなくても就学前学校にいる子どもは 13 人となります。遅刻してきた子どもが来ると、誰からともなくネームプレートを貼り替えて、その壁を使って足し算や引き算を子ども達が行っていました。

ピノとのプロジェクトと平行して、これは毎日やりました。言葉のプロジェクトをしながら算数も学ぶことができるのです。子ども達は今でもこれが大好きなので、プロジェクトが終わったあとでもまだ続いています。

最後に、今まで使ったドキュメンテーションを保護者に見せるため壁に貼り

第 4 章　保育者にとっての教育ドキュメンテーション　89

アルファベットの階段

壁に貼られた出席簿。左の黒い枠が就学前学校で、右側が家を表している

ました。どうして今ピノをやっているのか、なぜ単語を集めているのかが詳しく分かるように順番に書いてあります。このプロジェクトを行ったことで、保護者から何一つ疑問や不満を受けることがありませんでした。なぜならば、子どもが関心を見せた様子の写真が掲示してあり、どうしてピノになったのかが詳しく書かれていたからです。

　私の勤務先には、親とのコミュニケーションツールとして「Förskolappen」（フォーシュコールアッペン）（現在は「Infomentor」というものに変更）というブログのようなものがあります。そのアプリケーションでは、子どもの写真とともにテキストが保護者に送れるようになっています。子どもの名前をタグに付けることができるので、個人的な情報はその子どもだけに送ることもできます。

　プロジェクトはグループ全員に関係があるので、私は「子どもの関心が文字にあり、子ども達が関心をもつヒーロー、好きな食べ物、好きなことなどを表す単語を覚えたがっていること、また自分の興味がほかの子どもに広まることで相乗効果が出ると思うので、ピノが泊まりに行くことについて協力して欲しい」と書きました。

90　第Ⅰ部　スウェーデンにおける教育的ドキュメンテーション

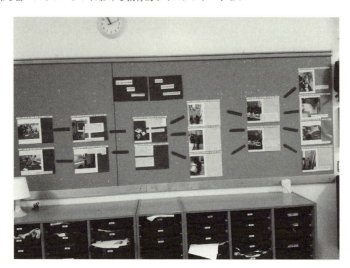

親に見せるためのドキュメンテーション。これは子どもの目線には設置しない

いっぱいになったピノの袋

　ピノがどんな単語を選んだのかは、毎週全員の保護者に報告をしています。ピノが14人全員の家に行った時、ピノの袋はいっぱいになりました。

お別れ会を開催

　2016年の夏が始まる頃に春学期は終わるのですが、今学期で退職する保育者がいたので、それを兼ねたお別れ会を開催しました。その時、どこに誰が座るかを決めるために、ネームプレートを子ども達に書いてもらっています。6か月経って、まったく書けなかった子どもは何も見ないで書けるようになり、ほかの子ど

第4章 保育者にとっての教育ドキュメンテーション　91

一度も自分の名前を書けるように指導はしていない。間違っていても直さない。目標は一人ひとり違うので、文字に興味をもってもらえればよかった

私のグループにいた保育者のお別れパーティー。パーティーハットも自分達で作った

もの名前が書ける友だちは、私の名前まで書いてくれるように成長しました。これも、文字に対する興味をいろいろな形で引き上げたからだと思っています。

　今も、ピノと子ども達が集めた文字は捨てられずに、プロジェクトが終ったあとも、部屋の天井からぶら下がっている木の枝に吊しています。時々、子ども達はそれを見て、「あれは○○と書いてある」などと教え合ったり、私達に教えてくれたりします。こういう瞬間を見ると、結果や目標を重視せず、プロセスを重要視したプロジェクトのほうが素晴らしい結果を出していることが分かります。

　スウェーデンの場合、プロジェクトは学期ごとに終えるのがほとんどです。とはいえ、終わってしまった

春学期が終わって秋学期になってもプロジェクトは生きている。木の枝の下には、14個の単語が吊されている

プロジェクトでも、よいものはしばらく残しておくこともあります。ピノのプロジェクトは、ほかの保育者にもとても刺激を与えたので、しばらくの間、よい例として残しておきました。

7 日本のよさを活かした教育的ドキュメンテーション

2015年、私と同じ大学を卒業した友人２人とともに日本の保育園を見学しました。その時の２人の感想は、子ども達と保育者との関係がとても親密で、保育者は全身全霊で保育に取り組んでいるというものでした。

また、子ども達はおとなしく、「暴れ回っている子どもが少なかったことにびっくりした」とも言っていました。スウェーデンには手に負えない子どもが多くいると彼女達は感じていただけに、「日本人の子どもはしつけがいいのかもしれない」と話し合っていました。でも、本当にそれだけでしょうか。日本の保育者達は、子どもと一緒に遊びに入り、子どもの好きなことをできる限り一緒にやっているように私には思えました。

私は日本の保育教育を受けていませんし、保育者として働いたことがありませんので内情は分かりませんが、スウェーデンの保育については11年以上の経験があります。常に感じていたのは、スウェーデンの保育者は自由時間に子ども達と一緒にはあまり遊ばず、何か問題が起きてから対処をするという保育の仕方が主流であるということです。

もちろん、そんな保育者ばかりではありませんが、なかには、スマートホンばかりをいじっていたり、子どもが危なくないか見守っているだけとか、子どもが一緒に遊んで欲しいと言ってきた時だけ少し付き合ってあげるといった保育者がほとんどでした。だからこそ、スウェーデンでは教育的ドキュメンテーションを使って子どもの興味や関心を知らなければいけないと私は思っています。

教育的ドキュメンテーションをするためには、子どもが何を話しているのか、何をしているのかを知らないで、ただ写真や動画を撮っても意味がありません。スウェーデンのイェヴレ（Gävle）大学メディアコミュニケーション科の准教

授マルガレータ・ロンベリー氏（Margareta Rönnberg）によると、子どもの関心を観察または省察する時には二つの見解をベースとして考えなければならないと警鐘しています。

彼女は、「子どもの視点（Barn perspektiv）」と「子ども視点（Barnperspektiv）」というものがあると述べています。子どもの頭の中に入ることが理想ですが、実際にそれはできません。それゆえ、多分そうではないかと大人が子どもの関心事を翻訳するのが前者で、子どもが話した内容や行動によってもたらされたヒントや情報から子どもの関心事を知るというのが後者となります。

後者の方法はとても難しく、前者に比べると時間もかかります。そして、一度や二度の対話で子ども達の関心事を決めるのではなく、子ども達の行動を何度も何度も見つめるという多種多様な観察が必要とされます。言うまでもなく観察は、子どもの身体の動きや目線など細かなことをすべて見て行う必要があります[4]。

この「子ども視点」こそが教育的ドキュメンテーションというツールを必要としており、現代の新しい保育の仕方なのだと私は思います。10年前は「子どもの視点」がスウェーデンでも主流で、今でもこちらのほうが簡単なので、そのまま続けている就学前学校もあります。保育者に教育的ドキュメンテーションの知識がないため、大人が勝手に作ったプロジェクトが先行しているというのが現状です。

ロンベリー氏が言うように、簡単にプロジェクトを始めることができるからだと私は思います。スウェーデンでは、保育者と子どもの間にかなり壁があって、日本の保育のような親密な関係があまりないように感じます。ドライで、残業もせず、就業時間と自由時間にメリハリのあるスウェーデンならではの保育だと思うわけです。しかし、それは、教育的ドキュメンテーションを使わないと子どもに寄り添うことができないという欠点でもあります。

日本の保育者達は、ここまできっちりやらなくても、子ども達と一緒になって園庭に座り、廊下に玩具を広げて遊び、子どもに手を引っ張られて様々な所

---

[4]　Rönnberg, Margareta（2006）: *"Nya medier" – men samma gamla barnkultur? Om det Tredje könets lek, lärande och motstånd via TV, video och datorspel*. Uppsala: Filmförlaget. S.54.

で遊んでいます。その姿は、すでに「子ども視点」が分かっている、まさに理想の保育者の姿だと思います。それゆえ、プロジェクトを始める出発点では、日本のほうがはるかに優位に立っていると私は思います。日本の保育者の人々には、子どもに対する優しい接し方を決して変えないで続けていって欲しいです。

　一方、日本の研究報告や活動報告などを拝見して、私がスウェーデンと違う、もしくは気になることは、日本のプロジェクト活動には必ず期日や目標があり、それらがすべての子どもに対して提供されているというところです。子どもの関心や成長はバラバラなのに、全員で同じようにやることが「美徳」と思われているように感じました。

　例えば、何かプロジェクトを始めても、展覧会にして保護者に見せるためとか、プロジェクトを体操にしたら、みんながでんぐり返しのできるようになってから運動会で発表するなど、子ども達にとっては大変となる目標を立てています。

　プロジェクトが進み始めると、目標を達成するために、子どもの関心がずれてしまったり、関心を示さない子どもでもそのまま励ましながら進めていくという場合が多いようです。もっとゆっくりやれば立ち止まることができるのに、立ち止まらないために、子どもの知識をもっと増やすことができたであろうチャンスを逃してしまっているように思うのです。

　スウェーデンで保育に携わっていて私が一番大切にしていることは、「学ぶ姿勢形成のお手伝い」ということです。学ぶ姿勢を6歳までに得ることができれば、あとは自分の力で小学校、中学校、そして高校、大学まで行き、その後、向上心のある素晴らしい社会人になってくれるはずです。その第一歩となるのが保育であり、幼児教育なのです。

　もし、関心事が見つかった場合でも、ほかの子どもと歩調を合わせるために集中できなかったりすると、せっかく集中するということはどういうことかを学び始めた子どもの学習意欲や学習態度を壊してしまうことになります。

　結果はとても大事ですが、結果がよいと思うのは子どもだけで十分です。大人にとっての結果が出なくても、保育者が説明をドキュメンテーションに付け

て、このような取り組みのうえでこのようなプロジェクトをして、このような
プロセスがありました、と保護者に報告するだけでよいのではないでしょうか
（この報告書は、教育的ドキュメンテーションではないことに注意！）。

　結果を保護者に報告するのではなく、こういうプロセスを踏んでいますとい
う説明を行い、個人面談で一人ひとりのプロセスをドキュメンテーションで見
ることによって成長過程が分かるのです。

　大学で読んだ文献のなかで、今でも時々読み返す一番好きな本があります。
ストックホルム大学教授のヒレヴィー・レンツ・タグチ（Hillevi Lenz Taguchi）
氏が書いた『*Pedagogisk dokumentation som aktiv agent*（活発な代行人としての
教育的ドキュメンテーション』という本です。要約して記しますが、この本の
なかで彼女は次のように言っています。

「実際の保育においては、理論と実践は、本音で言えば混じり合えず、理論を
実践することはほとんど無理であると現場の保育者に言われるが、実際には、
実践のなかに数え切れないほどの理論が入り混じっており、それを明確にする
ことは、教育的ドキュメンテーションを行うことによって可能である」[5]

　写真や動画を子どもやほかの保育者達と見ていると、子どもがいかに自らの
知識を発揮し、伸ばそうと努力しているのかが分かるとも言います。しかし、
保育者が結果を重視して急ぎ、立ち止まることがないと、子どもの考えを無視
することになり、伸ばせるはずの知識も伸ばせず、せっかく出るはずだった芽
を取り除いてしまうようです。

　レンツ・タグチ氏が言うには、プラトンの時代から現象や特性には男尊女卑
があるそうです。例えば、文化／自然、言葉／物質、積極的／消極的、知能／
体、そして、線／円（サークル）です。前者が男性で、優位だそうです。「線」
が象徴的かもしれません。要するに、上昇していく結果が優位に立つことにな
るので、日本では「〜ができるようになる」とか「〜が覚えられる」など、ゼ
ロから目標を達成する行為が素晴らしいとされているのです（前掲書参照）。

---

[5]　Hillevi Lenz Taguchi（2012）, *Pedagogisk dokumentation som aktiv agent : Introduktion till in-tra-aktiv pedagogik* Gleerups Utbildning AB

教育的ドキュメンテーションを使って立ち止まり、あるいは元に戻って結果を出さないというやり方は、日本人には受け入れられないかもしれません。しかし、立ち止まることによって子どもの「真の学び」の手伝いができるようになり、それは教育的ドキュメンテーションを使うことで可能になったと研究発表されています。

このような保育をすると、日本では「結果の出せない保育園だ」と非難を浴びるのかもしれません。成績表を中学1年生まで出さないスウェーデンでは、結果はまったく重要視されていません。子どもがゆっくりと自分の学習態度を成長させていける場所、それが就学前学校なのです。

日本とスウェーデン、ともによさがありますが、日本人である私は、個人を「和」よりも大切にするスウェーデンの考え方が今でもあまり好きになれません。でも、子どもの視点に立ってみると、自我が芽生え、子どもの社会が親から友だちへと広がる大きな成長段階の時には、「和」よりもまずは自分なのかなと、この頃思うようになりました。

日本の保育者の保育姿勢は、スウェーデンよりはるかに優れていると思います。仮に教育的ドキュメンテーションを使ったからといっても、一人の保育者が結果重視となっている日本の教育体制を変えることは困難でしょう。それだけに、スウェーデンのような教育的ドキュメンテーションを行いながら進めるプロジェクト活動をそのまま日本でやるのではなく、両国のよい点をうまく利用して、子どもの視点から始めるプロセス重視のプロジェクトを進めて欲しいと願います。

子ども達が夢中になって進めたプロジェクトが終わったあとには、必ず、何かを学んだであろう子ども達の姿を見ることになるはずです。

「森のムッレ教育」と教育的ドキュメンテーション

高見幸子

1 「森のムッレ教育」の理念

　スウェーデンのプロジェクトの多くは、「科学的な思考」に焦点をあてて行われています。その理由は、民主主義社会の判断基準に科学があるからです。現在、地球温暖化、生物の多様性の減少などといった難解な環境問題に社会は直面しており、それらを解決することが将来の世代にとって大きな課題となっています。スウェーデンは、持続可能な社会をめざしており、「就学前学校カリキュラム」においても、以下のように環境教育の重要性が明記されています。

> **就学前学校カリキュラム**
> 　就学前学校は、環境問題や自然保護問題を重視しなければならない。エコロジカルな対応の仕方と、将来へ向けてのポジティブな活動が就学前学校の事業に反映されなければならない。子ども達が自然や環境に対して慎重に対応し、自然の循環に関与していることが理解できるよう、就学前学校は寄与しなければならない。
> 　また、就学前学校は、現在と将来において、どのように日常生活と仕事を作り出せば優れた環境を生み出すことに貢献できるのかを、子ども達が理解できるようにサポートしなければならない。

　スウェーデンの学校における環境教育は、1992年６月にリオデジャネイロで開催された「地球サミット（国連環境開発会議）」以来、盛り上がりを見せ、継続的に取り組まれています。しかし、幼児教育においては「森のムッレ教育」

98　第Ⅰ部　スウェーデンにおける教育的ドキュメンテーション

がそれ以前から存在しており、歴史的にも実績をもっています。ここでは、その概要を説明します。

「森のムッレ教育」は、1957年、スウェーデンの国民運動において先駆的な存在となるボランテイア団体「スウェーデン野外生活推進協会（Friluftfrämjandet）」の事務局長を務めていたヨスタ・フロム（Gösta Frohm）氏によって「森のムッレ教室」として発案されたもので、全国に展開されました。2017年で60周年を迎えましたが、森のムッレ教室の活動は、約1,000万人というスウェーデン人口のうち、約200万人が経験しているというほどスウェーデン社会に浸透しています。「自然を大切にしよう！」と語り掛ける森の妖精である「森のムッレ」は、スウェーデンにおいては伝統的な存在となっているのです。

「スウェーデン野外生活推進協会」は、大人にも子どもにも１年を通して野外活動を提供しており、国民の健康を促進することを目標にしています。会員制度をとっており、現在の会員数は９万人、スウェーデン全土に300支部があります（2017年現在）。

　会員の半数が子どもで、５〜６歳児を対象にしている「森のムッレ教室」が一番知名度は高いのですが、１〜２歳を対象とする「森のクノッペン教室」、３〜４歳児を対象とする「森のクニュータナ教室」のほか、５〜６歳児を対象とした「スキーやスケート教室」や小学校の生徒を対象にしている「ストローバレ教室」や「フリールフサレ教室」など、幅広いプログラムを提供しています。また、数千人ものリーダーが、ボランティアや教師として「野外就学前学校」（**資料２**参照）や一般の就学前学校において活動しています。

リーダー養成講座

　スウェーデン野外生活推進協会には、一般の人や保育者を対象とした「リーダー養成講座」を開催する教育機関があります。この教育機関が、各地で定期的に開催されるリーダー養成講座の内容を開発しています。その内容は、1970年代の終わり、それまでは非常に理論的だったものから幼児の遊びを重要視した体験型に変わりました。つまり、大人が知識を一方的に教えるのではなく、子ども達が自主的に、自然のなかで五感を使った体験を通して自然とのつなが

図5-1　スウェーデン野外生活推進協会の子どもの活動図

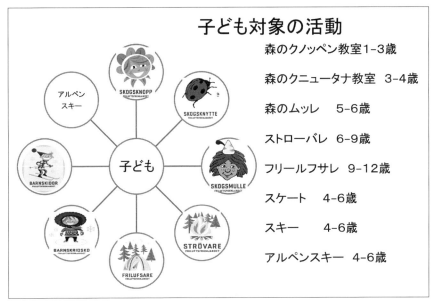

（イラスト：日本野外生活推進協会）

りを理解するという教育方法に変わったわけです。この変革は、豊かな実践経験をもつリーダーからの要求に基づいて行われました。

　森のムッレ教育の新たなプログラムを開発する際に基本理念としたのが、「マズローの欲求5段階説」[1]と、デンマークの研究者であるバーント・レイフ・マッセン（Bernt Leicht Madsen）氏が示した「三つの発展段階」でした[2]。それぞれについて説明していきましょう。

「マズローの欲求5段階説」を基盤にした「自然の階段」

　森のムッレ教育の最終目標は、子ども達が自然を大切にする大人になってく

---
(1) 「子どもと野鳥その7」『野鳥だより・筑豊』日本野鳥の会筑豊支部（2017年5月号）高見幸子監修、光橋翠著、参照
(2) Ulla Fischer/Bernt Leicht Madsen "Titta Här" Liber 1985

れることです。創設者であるヨスタ・フロム氏は、子ども達に「自然を好きになってもらう」ことを目標にしました。なぜなら、好きなものであれば誰もが大切にするからです。

　自然を好きになる、あるいは自然について学び、自然についての知識を得るためには、実際に出掛けていかなければなりません。しかし、そこで何をするのかが重要で、よく考えられたプログラムが必要となります。もちろん、子どもの発達段階に合わせたものでなくてはなりません。

　数段の階段を一度に上るのが難しいように、自然を好きになり、自ら自然保護を行うようになるためには、そのステップを一段ずつ上っていくというのが望ましい方法となります。1〜2歳児で、まず自然のなかで安心して快適に過ごせるように援助します。自然で楽しめるようになると余裕ができるので、周りの自然環境を見て観察ができるようになります。そして、自然を観察していくうちに全体のつながりが理解できるようになるのです。

　これが、1〜2歳児を対象にした「森のクノッペン教室」から3〜4歳児対象の「森のクニュータナ教室」、そして5〜6歳児を対象にした「森のムッレ教室」という階段です。

　子ども達はこの階段を上っていくなかで、全体のつながり、つまりエコロジーが理解できるようになり、人間がどのようにして自然に影響を与えているかを知り、自分の意見がもてるようになっていきます。そして、小学校の高学年になるころまでには、自ずと自然を大切にする行動がとれるようになっていくのです。

「環境教育」という言葉を使っていますが、幼児に地球温暖化のメカニズムやゴミ問題の話を聞かせるわけではありません。大切にしているのは、自然のなかにいることが楽しい、自然の生き物は様々で素晴らしいということを子ども達に伝えることです。そして、自然の生き物はすべて、きれいな空気、水、土が必要だということが理解できるようになれば、ゴミを捨てるどころか、逆にゴミを拾うようになります。

　スウェーデンには「自然享受権（allemansrätten）」があり、他人が所有している森のなかにも自由に入ることができます。そして、自分が家で食べる程度

だったら、ブルーベリーを採ったり、キノコ狩りをしてもよいのです。しかし、枝を折ったり、絶滅危惧種の花を摘んだりしてはいけません。常に、所有者への配慮をしなければならないのです。つまり、守るべきルールがきちんとある、ということです。

リーダーがそれを行動において見せるので、5、6歳になれば、自ら自然のなかでのエチケットやルールを守るようになります。また、野生動物に対しても労るようになります。

これは机上の理念ではなく、「スウェーデン野外生活推進協会」のリーダー達が子どもを対象にして試し、体験したうえで実証できるものである、と森のムッレ教育を開発した野外生活推進協会の講師は言っています。

三つの発展段階

リーダー養成講座のテキストにおいては、リーダーが考慮するべき重要なこととして、「子どもを急がせないこと」が強調されています。また、子どもの年齢に合わせることが重要とも言っています。さらに、それぞれの子どもがどのような学びの段階にあるのかを知ることの重要性も記されています。

図5-2　階段のすべてのステップが必要です

（イラスト：日本野外生活推進協議会）

マッセン氏の研究報告書には、子どもは周囲を調べる時に「三つの発展段階を踏んで学ぶ」と書かれています。その三つの発展段階を紹介しておきましょう。

発見の段階――「これ見て！」「わあ！」という歓声が上がったら、大人は一緒に体験をするとともに好奇心を示します。

調べる段階――「これ歩けるよ！」「何か食べている！」「柔らかい！」と子ども達が言っている時は、一緒に調べます。そうすることで、子どもを支援できます。

考える段階――大人が介入しないでそのまま調べさせていると、子ども達は自分で考え、質問をするようになります。その段階になったら、大人が答えてあげます。あるいは、どのようにすれば知識と答えを得ることができるかについて教えてあげます。

リーダーに求められることは、子どもが発見して喜んでいる時には、情報や知識を与えて邪魔をしないようにすることです。子どもが３番目の段階に入ったことが分かった時点で、事実を教えてあげるようにするのです。

雨の日、ナメクジを観察する子ども達

第5章 「森のムッレ教育」と教育的ドキュメンテーション　103

　そして、グループのなかでも個人差があることに注意し、一人ひとりの段階に合わせることが重要となります。すべての子どもがこの3段階を通る必要があるのですが、同じ年齢でも発達段階が違うということに留意する必要があるとも指導しています。

2 森のムッレ教育のプログラム概要

　具体的に、森のムッレ教育のプログラム内容を説明していきましょう。

　森のムッレ教育は、ボランテイア活動であれ就学前学校であれ、2〜3時間のプログラムで実施しています（これを「森のムッレ教室」と呼んでいます）。実施するリーダー、あるいは保育者は、野外生活推進協会が開催している「森のムッレリーダー養成講座」を受講して、リーダーの資格を取得していなければなりません。

　森のムッレ教室は、春学期と秋学期のプログラムとして、1週間に1度、6〜8回程度実施するのが一般的となっています。季節に合わせたテーマを選び、春ならば、春の印を見つける、春の草花、アリ、水辺の生き物などとなります。そして秋なら、落ち葉、木の実、キノコなどです。

　森のなかに拠点をつくっておき、毎回、同じ所に出掛けるのですが、行く道すがらや到着した拠点の近くで自然観察をしたり、遊んだり、自然のもので何かを作ったりするというプログラムを準備します。そして拠点では、持ってきたお弁当をみんなで食べ、歌を歌ったり、ゲームをしたりして楽しい時間を共有します。

　プログラムの初回に「自然享受権」の話をして、自然のエチケットを守ることを確かめます。そして、最終回はファイナルパーティーとなり、森のムッレが子ども達に会いに来てくれるという楽しいプログラムになっています。

森の妖精ムッレとは？

　森の妖精ムッレは子ども達の友だちとなるキャラクターで、森に棲むファンタジー世界の住人です。森の妖精ムッレは、子ども達と遊び、歌を歌い、自然

図5-3 森のムッレは自然保護のシンボル

(イラスト：日本野外生活推進協議会)

について語ってくれます。童話の世界が好きな5～6歳児の子ども達にとっては、森の妖精ムッレはスリルがあり、彼らの想像力をかき立ててくれます。

森の妖精ムッレの登場は、「森のムッレ教室」だけに限っています。というのも、それ以下の年齢である幼い子どもは、大人が扮装した森の妖精ムッレを怖がることがあるからです。

一緒に遊ぶ

森のなかでは、知識や仲間意識も、遊びを通して体験するなかで自然と身に付いていくものです。自然のなかほど冒険心と神秘さを感じさせてくれる所はありません。また、自然のなかほど、きめの細かな運動神経からダイナミックな身体能力を発達させてくれる場所もありません。

自然を大切に

森の妖精ムッレは、自然に対する配慮のシンボルでもあります。小さいころから自然を大切にすることを学ぶと、人間が自然に対して影響を与えているこ

とを意識するようになり、エコロジーを理解するための基盤が築かれます。

リーダー達は子ども達に、自然環境とそこに生きている生物すべてを感じるといった感覚を身に付けさせたいと思っています。この感覚のなかには、定義として「価値観」と「アイデンティティー」も含まれます。すべての感覚を使って自ら体験することが、自然感覚を身に付けるための基盤だと考えているのです。そのため、森の妖精ムッレは「自然を大切にしよう！」というメッセージをもって登場するのです。

どんな天候でも野外

森のムッレ教室は、常に野外活動となります。子ども達は自然について学ぶだけではなく、野外で過ごすことが楽しいということも学びます。自然のなかで快適に過ごすためには野外生活の知識が必要です。つまり、どのような服装をすれば濡れずに暖かいか、自然に害を与えず、自分もほかの人も怪我をしないようにするにはどうすればよいのか、についても学ぶことになります。

森のムッレ教室では、自分の装具を手入れするということも学びます。森や野原で原始的な生活をすることで、子ども達は人間の原点に触れることになります。どんな天候でも、野外で過ごした体験と冒険は一生の思い出となるのです。また、野外生活をすることで、子ども達は責任感と自信がつくようにもなります。

自然のなかで生命を体験する

「学者の好奇心は、子どもの半分にも及ばない」と、一般的に言われています。好奇心は、子どもにとっては「活力」のようなものなのです。

森で見つけた小さなカエルを大切に手にとって観察する子ども。観察した後は、必ず元のところに戻します

106　第Ⅰ部　スウェーデンにおける教育的ドキュメンテーション

表5-1　森のムッレ教室

子ども達が森のムッレ教室で学ぶこと	森のムッレ教室に参加すると
・自然と自然享受権（日本では自然のエチケット）に配慮する ・植物と動物について ・協力することと仲間意識 ・自分の体をコントロールできる（細微な運動神経から粗大な運動神経まで） ・自分のリュックサックの荷造りができ手入れができる ・どんな天候でも自然で遊び快適に過ごせる	・森の妖精ムッレに出会える ・落ちている木の枝で小屋を作る ・お弁当を食べる ・リスに餌をあげる ・アリの数を数える ・宝物を集める ・遊んで歌を歌う ・木登りをしたり、岩によじ登る ・その他、いっぱい遊ぶ

目にするものを可能な限り調査するのです。となると、自然は子どもにとって最高の実験室となります。

　そこには、硬い石から柔らかい羽毛まで、広範囲にわたって多様な素材が存在しています。そして、多種多様な形をした生物を発見することができます。すべての感覚を使って体験し、収集し、比較し、整理することで自然界の様々な概念を広めることができます。発見をすることで、自然への観察力が磨かれることになるのです。

3 野外就学前学校における実践例

　ここでは、「就学前学校カリキュラム」の目標を、森のムッレ教育を基盤にした方法で行っている「野外就学前学校」に焦点を当て、その保育実践例と、教育的ドキュメンテーションをどのように使っているのか、また保育者達がそれについてどのように考えているのかについて紹介していきます。

　野外就学前学校は、スウェーデン野外生活推進協会の認定基準をクリアした保護者の共同組合、職員の共同組合、自治体、野外生活推進協会直轄と、様々な運営形態のものがあり、全国に約200校あります。その学習内容は、森のムッレ教育を基盤として開発された独自の野外教育となっています。野外生活推

進協会が作成している「野外就学前学校の基礎指導書」のテキストを参考にして、その教育内容を紹介します。

最も重要な目標は自然感覚

野外就学前学校における最も重要な目標は、子どもが自然についての知識を深めることです。知識が深まると自然感覚が育まれ、自然とのつながりが理解できるようになるからです。

保育者達は、子どもは幼いころから自然との関わり方を学ぶべきだと考えています。この目標を達成するために、子ども達が1年を通して、森、野原、湖、山に出掛けて楽しむことができるような活動を展開しています。

野外就学前学校のロゴマーク。「I Ur och Skur」とは、英語に訳すと「In Rain and Shine」となります。「雨でも晴れでも天気にかかわらず」という意味です。

環境意識

野外就学前学校が定義する環境意識とは、子ども達がすべての生き物に敬意を払い、保護をしたいと思うことです。子ども達の環境教育は早く始めなければならないと考えていますが、その理由は、大きくなるにつれて自然に出掛けることが難しくなり、野外活動や環境問題に興味を示さなくなるからです。研究報告によると、環境教育は「12歳までにするべきだ」とも言われています[3]。

この学校の保育者達は、常に子どもに焦点を当てています。そして、子どもの話をよく聞き、謙虚であることが求められています。子ども達の学び方や学ぶ条件は、一人ひとり違うことをふまえなければなりません。それゆえ、小さ

---

[3] Children, Youth and Environments. (Vol 16:1) www.news-medical.net news/2006/3/14/16628.aspx

(左) 近くの森に出掛ける保育者と子ども達
(右) 今日のテーマは「野ウサギ」で、保育者とぬいぐるみを使って野ウサギの生活を想像する

い子どもと話をする時は、かがんで子どもの目線で話をします。子どもが理解できるレベルで話しているかどうかが、リーダーシップの質の高さを見るうえでの決定的な要素となっています。

　ここでの活動は、プロジェクトの形で行われています。そのプロジェクトは、子ども達が以前に体験したことや知識を前提にしたものとなっています。重要なことは、様々な答えや考え方が表現できるようなテーマに取り組むことです。そうすれば、活動的に学ぶようになります。また、活動内容と季節によって、何を室内で行い、何を野外でするのが一番よいかと常に考えています。

環境対策

　野外就学前学校のなかには、自然循環に順応した生活を体験する実践として、園庭でジャガイモやニンジンなどの野菜を栽培している所もあります。ムッレボーイ野外就学前学校（I Ur och Skur förskola Mulleborg）[4]では、秋にそれを収穫し、収穫祭を開催して食べるという取り組みを行っています。残飯はコンポストして、肥料として園庭での野菜作りに使っています。

　そのほか、ニワトリも飼っています。毎朝、子ども達は卵を取りに行き、給

食のパンケーキなどの料理に使ってもらいます。また、残飯をニワトリの餌にもしています。その他の環境対策として、学校で使う電気も水もできるだけ無駄なく使い、ガラス瓶、紙やプラスチックの容器は素材分別し、リサイクルに出しています。

また、環境に配慮していることを認証する「環境ラベル」が付いている製品やオーガニックの食料品を購入して使うなど、学校でのライフスタイルが大人になった時にも続けていけるように意識しています。

ニワトリ小屋

チャレンジと可能性

野外就学前学校には園舎が必ずあり、活動の内容や天気によっては室内で活動することもありますが、主な活動場所はやはり野外です。室内での活動と違って、野外での活動においては子どもの動きを予知することができません。例えば、子ども達が想定できないような発見や体験をするといったこともあるので、保育者はコントロールしにくい状況があることを理解し、そのような場合の準備をしておくことが必要となります。

また野外では、急に天気が変わったり、予期しなかったことが多く起こるため、その準備も必要です。前提条件が変わったとしても、目標を見失うことなく、柔軟に対応できるだけの実力が保育者には要求されます。

保育者はグループのメンバーと常に対話をして、調節していかなければなりません。また、子どもの質問にすべて答えられなくても、自尊心をもつことが要求されます。

野外活動を行うことは、子どもが社会的かつ感情的な能力を育むうえにおいて非常に有利なものとなります。自然環境は多様ですし、困難な目にあったり、

---

(4) 1985年に設立されたスウェーデン初の野外就学前学校。国内外からの視察が多く、模範的な野外就学前学校となっている。

110 第Ⅰ部　スウェーデンにおける教育的ドキュメンテーション

苦労をすることがあるからです。そのなかで、子ども達は助け合い、できる限りベストを尽くして頑張るのです。ほかの子どもがどのような反応をしたのか、また考えるのかを察するという体験にもなります。

　グループのなかで、うまく機能することが非常に重要であり、これらの経験が子どもの将来に向けた準備につながると考えています。つまり、野外活動は、子ども達に新しい状況や予期しない状況に立ち向かうための準備をするという空間を提供しているわけです。言うまでもなく、子どもの将来と人生にとってはよい準備になると考えています。

リフレクション

　野外生活推進協会のリーダー養成講座、および 野外就学前学校の基礎指導書で近年強調されているのが、リーダーおよび教師としてのリフレクションです。リーダーおよび教師の質を上げ、野外教室または野外就学前学校の活動の質を上げるためには欠かせないプロセスであると捉えています。どのように行っているのかを紹介します。

　森のムッレ教室の活動を改善するためにリーダーおよび就学前学校教師は、活動が終わったあと定期的にリフレクションを行っています。その理由は、活動がマンネリ化しないためです。所要時間は、教室が終わったあとに数分間とっています。その際、これまでの活動の様子を撮った写真や子どもが発した言葉を記録したものをドキュメンテーションとして使用します。そして、以下のようなことを自問します。

　　・今日の教室で何か特別なことが起きたか？
　　・何か問題があったか？
　　・その問題をどう解決したか？
　　・もし、次回も起きたらどうするか？

　活動で何をしたか、もっと違う方法があったのではないかと短時間で考えて話し合うことは、次回のプランを立てるうえにおいて役に立ちます。保育者間で対話し、一緒にリフレクションをすることで、何をしたかを学び、新しい方

第5章 「森のムッレ教育」と教育的ドキュメンテーション　111

法を試すことができるからです。あるいは、うまくいったことは継続する、ということも可能となります。

　例えば、森のムッレ教室で多少なりともトラブルが起こった場合、あるいはまったくうまくいかなかった場合は、じっくりと活動をリフレクションし、省察し、解決策や別のプランを考えています。その時の質問は以下のようなものとなります。

　　　・ほかの人は、あなたのことをどのように思っているでしょうか？
　　　・自分のどのような面を改善しなければならないと思っていますか？
　　　・時々、リフレクションをしていますか？
　　　・どんな成果がありましたか？
　　　・リフレクションをしたあと、以前と違った行動をとりましたか？

森のムッレ教室を行ったあとのリフレクションの事例

　ある日、自然観察のテーマはハシバミの木でした。特に、ハシバミの花を見つけ、春の自然の営みについて話をする予定でした。

　子ども達は、森のムッレ教室の拠点に向かいました。その途中、保育者はフレドリック（Fredrik）が立ち止まって、グループから遅れがちになることに気付きました。立ち止まるたびに小さな枝を拾っていました。ほかの子ども達も、枝を拾って歩き出しました。森のムッレ教室の拠点に着くと、フレドリックは拾ってきた小枝を積み重ねて置きました。そして、ほかの子ども達が拾った枝ももらって、その上に置きました。

　子ども達の小枝集めは、森のムッレ教室を行っている間続きました。保育者にとっては、子ども達の興味をハシバミの木のほうに導くことが徐々に難しくなってきました。お弁当の時間になって初めて保育者は、フレドリックが何をしているのか、どうして枝を集めて山積みにしているのかと尋ねました。「僕、アリのために蟻塚を作っているの」と、フレドリックは答えました。

　このような場合の、リフレクションの質問事例は以下のようになります。

　　　・あなたは、どんな目標をもっていましたか？
　　　・子どもの目標は、どのようにして知ろうとしましたか？

112　第Ⅰ部　スウェーデンにおける教育的ドキュメンテーション

・みんなにやる気を出させるために、どのような準備をしましたか？
・目標を達成するための方法を考えましたか？
・保育者は、フレドリックのアイディアをうまく活用しましたか？
・保育者がフレドリックの創造性を活かし、ほかの子どもにもその恩恵が得られるようにするにはどうすればよかったでしょう？
・子どものイニシアチブを活かすとどうなるでしょうか？

　このようにリフレクションをすることで、森のムッレ教室を改善していくことができるのです。野外就学前学校の基礎指導書では、教育的ドキュメンテーションの意義が次のように述べられています。要約する形で紹介しておきます。

帰宅してからの復習とドキュメンテーション——森から戻ったら、子ども達は自分の持ち物の手入れをします。例えば、リュックサックからお弁当箱や水筒を取り出し、リュックサックは次回の森のムッレ教室の時に使えるよう、自分のものが置かれている場所に掛けておくといったことです。

　森で見つけた宝物をリュックサックから取り出し、子ども自身が分類して、森での体験を復習できるように手助けをします。子どもが体験したことについて話をしたり、体験したことと関係のある遊びをするほか、童話や歌を活用して復習を行います。

　子どもの体験を記録する目的で見つけたものや実験したことをドキュメンテーションとして展示します。そうすれば、子どもの自然体験に継続性が出てきます。

保護者とのコミュニケーションとしてのドキュメンテーション——野外就学前学校は保護者に、子ども達の学びのプロセスや知識、どのような目標を達成したかを見せることを重要視しています。そして、カリキュラムの意図することや要求を満たしているかを、具体的かつ明瞭な例を挙げて見せています。

　一つの方法は、様々なプロジェクトの目標と目的、価値観を築く活動、野外生活推進協会の子どもを対象にした活動、創作活動と目標、そして評価を見せることです。明確に説明することによって保護者に安心感を与えるほか、

野外就学前学校を信頼してもらうためには必要なことだと考えています。

　子どもの発達と学びについては、保護者と継続的に話をしています。そこで役立つのが、写真や日記、そして子どもが描いた絵です。課題となるのは、子ども自身にも、保護者にも、学んだプロセスが見えるようにすることです。子ども自身が行ったドキュメンテーションや自己評価、また友だちからの評価を使うと学習テクニックが上達します。ドキュメンテーションとリフレクションは野外就学前学校の活動を活気づけ、システム的にも質を上げる手段になると考えています。

　ムッレボーイ野外就学前学校のカイサ・シェルストロム（Kajsa Källström）校長は、教育的ドキュメンテーションについて次のように述べています。「ドキュメンテーションとして、写真やその他の作品を教室に展示していますが、保護者は、子ども達の出迎えを園庭でするので、教室まで入ってきて見ることが少ないのです。そのため、保護者だけが見られるインスタグラムを使って、毎日、その日に行った活動を保護者のスマートフォンに送っています。そうすれば、保護者にも子どもがしたことが分かり、帰宅後、親子の会話につながります。また、毎週金曜日に、１週間の活動をまとめた『ウィークレター』を送っています。その他、活動をビデオ収録し、子ども達と一緒に見るといったことも行っています」

　カイサ校長は、教育的ドキュメンテーションは子ども達のために有意義であり、特にリフレクションをすることが・・よいと評価しています。しかし、「最も重要なことは遊びで、教師が子どもと一緒になって遊びに関わることだ」とも言っています。

　保育者達は、小さいメモ帳をポケットに入れて、遊びのなかで気付いたことを記録していますが、教育的ドキュメンテーションに時間をかけすぎて、子どもとの遊びの時間が減らないように心掛ける必要がある、と校長は考えています。そして、「一番重要なことは、森のムッレ教育を実践することです。子どもと一緒に発見し、反応し、調べることです。常にそうしていれば、子どもが

ポートフォリオには、入園してからの活動のドキュメンテーションがファイルされています。このページは、2016年の「野鳥」をテーマにしたドキュメンテーションです。ゲームをしながら名前を覚えるだけでなく、冬場は、野鳥に餌をあげています。また、子どもが興味をもった事実として、「アオガラ」は、スウェーデンの冬は厳しいので寿命が12年あっても2年しか生きられないということも記録しています。そのほか、子ども達が森で小鳥になったつもりになって、木の枝で巣を作るといった活動もしています。

どのように考えているのかが分かります」とも語りました。

　それぞれの子ども達は、1歳から自分のポートフォリオを持っています。教師がドキュメンテーションをファイルしていき、卒業する時にもらうのです。これは、ムッレボーイでは開校以来30年間にわたって継続されています。

　一方、ムッレボーイ野外就学前学校の4〜5歳児クラスの保育者カミラ・ヒラート（Camilla Hillert）さんは、ドキュメンテーションについて次のようにコメントしています。

「1学期のプランを立てる時に基盤となるのは、子どもが何に興味をもっているのかということと、どうすればムッレボーイにおける保育の質を継続的に改善できるかということです。2016年の新学期（秋）は「秋」をテーマにしてプランを立て、子ども達がグループで活動をすることを優先しました。そして、翌年、2017年のテーマは「ムッレの演劇」としました。ムッレボーイでは、恒例の行事として、5月に森のムッレの創設者が作った童話をテーマにした演劇を行っていますが、この年は、それを1学期中に取り組むテーマとしたわけです。童話の内容は、森のムッレが高い山に棲む友だちのフェルフィーナと一緒に冒険をするという話です。童話のなかでは、スウェーデンの高山に棲む動物やサーミ人が登場します。高山には多くの子ども達がスキーや夏山登山に出掛けるので、子ども達のこれまでの体験に結び付けることもできます」

第5章 「森のムッレ教育」と教育的ドキュメンテーション　115

　このようなテーマに1月から5月まで取り組むわけですが、それと同時に、森のムッレ教室や森のクニュータナ教室を実施して、「春の印」を探すといった活動も行っています。保育者は、子ども達が何に興味をもつのかを見て、多くの場合、彼らの興味を出発点としてプランを立てています。それと同時に、年長となった5歳児の子ども達には、学校に上がる準備も行っています。つまり、言語（文字）と算数に関する内容にも取り組むわけです。

　ムッレボーイ野外就学前学校の教育方法は、以下のような質問に答えながら取り組むことになっています。

　　　・何をするか？

　　　・何を目的にするか？

　　　・なぜ？

　　　・いつするか？

　　　・誰のためにするか？（保育事業のためか？　グループのためか？）

　もちろん、隔週、プランを立てる時にリフレクションとフォローアップをします。そして、学期の終わりに評価と分析を行います。1学期間、リフレクションをするために教育的ドキュメンテーションを行っています。そうすれば、継続的に子ども達が何を学び、何に興味をもったのかが分かるのです。

　活動は、常に生き生きとしたものにすることが重要と考えています。そのための基盤となるのが、柔軟性のある考え方です。

4 日本で実践するにあたっての提案

　スウェーデンは1980～1990年代に子ども観が変わりましたが、日本の子ども観はどうでしょうか。スウェーデンでは、子どもは何も知らずに生まれてきたわけではなく、レッジョ・エミリアの幼児教育で言われるように「100の言葉」をもって生まれてきており、学校教育でそのうちの99を破壊しているという考え方を受け入れたわけです。これが、大きな転機となりました。

　子ども観が変わったことにより、子どもの自主性と協調性を育むプロジェク

116　第Ⅰ部　スウェーデンにおける教育的ドキュメンテーション

ト活動、教育的ドキュメンテーションをツールとする「レッジョ・エミリア・アプローチ」がスウェーデンのめざす幼児教育として評価されるようになりました。その理由は、スウェーデンがめざす民主主義教育の実践方法としても優れていると考えられたからです。

　また、ここで紹介した「森のムッレ教室」も、同じく子ども観が変わった時代に構築されていますので、子どもを中心にした教育実践方法と言えます。1989年に、「国連子どもの権利条約」の第28条で子どもが教育を受けること、29条で自然環境の尊重を育成すること、また31条で休息および余暇についての児童の権利、並びに児童がその年齢に適した遊びおよびレクリエーション活動を行い、文化的な生活および芸術に自由に参加する権利を認めることが明記されたことが、森のムッレ教室を後押しすることになりました。

　私は、新しい教育方法が導入し始められた1980〜1990年代、ストックホルムの基礎学校で「母国語」教育の教師として勤務していました。当時、教師の研修会に出席して驚いたことがあります。研修会の前に、「教師の目標は、批判力のある人に育てることだ」と目的を説明し、共有していたことです。

　スウェーデンは、政治家や企業、そしてメディアが言う情報や意見を鵜呑みにしないで、自分で批判的に考え、自分の意見をもち、自らの言動に責任がとれる大人に育てることを目標にして教育を行っている、と教えられました。学校は社会の縮図ですから、子ども達にも、学校生活を受け身ではなく、自ら参画するという民主主義の姿勢を体験することで身に付けてもらうことが狙いとなっているのです。

　その成果として、スウェーデンの投票率は80％を切ったことがありません。すべての国民が自分の意見をもち、自らの判断で政党を選び、社会の様々な問題について、新聞、テレビ、ラジオ、ソーシャルメデイアを使って議論をしています。それゆえ、スウェーデンは他の北欧諸国と同様、「世界で最も民主主義が進んだ国」と言われています。このようなことを、就学前学校から教師が態度で示し、その価値観を伝えているのです。

　幼児期に民主主義の価値観を育てるというのは、とても難しく聞こえますが、子どもの考えを聞き、話し合いながら決めていくという方法をとっているだけ

第5章 「森のムッレ教育」と教育的ドキュメンテーション　117

です。つまり、子どもの日常生活において体験することが大事なのです。この
ことは、森のムッレ教室を含めたスウェーデンにおけるすべての幼児教育の基
本となっています。

　森のムッレ教育の教育方法は、子どもの発見、つまり子どもの主体性に焦点
を当て、子どもの経験をもとに対話をしながら学ばせるというものです。これ
は、就学前学校カリキュラムがめざす民主主義教育にもあてはまります。

　今、世界の政治情勢は激動期に入っています。シリア紛争のため、2015年に
スウェーデンは、5番目の都市人口に相当する約163,000人の難民を受け入れ
ました。また、それまでにも、世界で紛争が起こるとその国から難民を受け入
れてきましたので、現在では全人口の20%が外国で生まれた人達で構成される
という社会になっています。

　100か国以上の違う言語を利用し、宗教も価値観も様々に違う人達が一緒に
住み、働いて生活をしています。国をまとめるための共通する価値観として、
民主主義は今まで以上に重要になっているのです。それゆえ、今後ますます、
就学前学校が果たす役割は大きくなってくると考えられます。

　もう一つ、国の大きい課題は、地球温暖化に代表される環境問題です。世界
規模で気候変動による被害が大きくなっていくなか、環境に配慮した持続可能
なライフスタイルに国民が切り替えることも現代社会の大きな挑戦となってい
ます。そのため、就学前学校での環境教育もますます重要視されていくと思い
ます。

　先に述べたように、スウェーデン全体の教育は、1980年代まで行われてきた、
大人が決めて準備した内容を教えるという方法から、常に「何を」「どうやっ
て」「なぜするのか」という三つを問い掛けながら行うという「ディダクティ
ク（Didaktik）」と言われる教育方法に変わっていきました。このように、スウ
ェーデンが社会の要求から生まれた教育方法を採用していることを知っていた
だければ理解も深くなると思います。

　日本でレッジョ・エミリア・アプローチや森のムッレ教育を導入する時には、
「何」を「どうやって」するのかだけでなく、「なぜ」するのかを問うことが今
後は重要になります。日本のめざす社会も民主主義の社会であることは間違い

118　第Ⅰ部　スウェーデンにおける教育的ドキュメンテーション

ありませんし、また持続可能な社会でもあるでしょう。それゆえ、このような
社会構築に貢献できる人間形成が必要だと考えます。

保育の現場で「森のムッレ教室」を展開することの意義

　日本野外生活推進協会はスウェーデン野外生活推進協会と協働の契約を結び、
1992年、日本全国に森のムッレ教室を普及する団体として設立しました。2017
年で25周年になります。合計約200回の「リーダー養成講座」を開催し、延べ
4,000人が受講しています。全国に、日本野外生活推進協会とライセンス契約
をして、森のムッレ教室を展開している団体が37あります。活動領域は、鹿児
島県の屋久島から長崎県、福岡県、兵庫県、奈良県、静岡県、長野県、新潟県、
埼玉県、東京都、そして北海道と広がっています。

　また、活動形態は、保育園・こども園の保育活動の一環として、あるいは環
境、子育て支援団体によるボランテイア活動となっていますが、最近では、森
のムッレ教育を全面に押し出した保育園[4]も開園しています。現在、年間延べ
１万人の子ども達が活動に参加しています。

　これらの団体のなかには、20〜25年にわたって森のムッレ教室を実践してき
た保育園も多々あります。そこの保育者達は、幼児における自然環境教育の先
端を歩んできた先駆者だと言えます。なぜかというと、そのころは、日本にお
いてはまだ幼児に対する自然環境教育という概念がなかったからです。しかし
ながら現在、全国にデンマークの「森のようちえん」などが増えてきたことも
あり、ようやく時代が追いついてきた感じがします。

　また、2016年、日本の児童福祉法の「総則第一条」に、「子どもの権利条約
の精神に則り」という文言が入ったことがあります。ここに、「森のムッレ教
育」の理念の後押しをした、「国連子どもの権利条約」の第29条「自然環境の
尊重を育成すること」が書かれています。

　さらに2018年、「保育所保育指針」「幼稚園教育要領」「幼保連携型こども園
教育・保育要領」の改訂が実施されます。改訂されたなかには、「幼児期の終
わりまでに育ってほしい10の子どもの姿」があり、その７番目に「自然との関
わり・生命尊重」という項目があります。その説明として、以下のように書か

れています。

「自然に触れて感動する体験を通して、自然の変化などを感じ取り、好奇心や探求心をもって考え、言葉などで表現しながら、身近な自象への関心が高まるとともに、自然への愛情や畏敬の念をもつようになる。また、身近な動植物に心を動かされる中で、生命の不思議さや尊さに気付き、身近な動植物への接し方を考え、命あるものとしていたわり、大切にする気持ちをもって関わるようになる」

　しかしながら、文教大学人間科学部教授の櫻井慶一氏によると、それらの指針や要領が、「国連こども権利条約」が求める積極的なエコロジー教育や環境教育の視点と、森のムッレ教育が狙いとする方向にはまだ大きな隔たりがあると指摘しています[5]。

　森のムッレ教室は、自然を遊びの場として活用するだけでなく、自然について学び、エコロジーの理解を深めるプログラムを展開しています。それゆえ、日本の保育現場で「森のムッレ教室」を展開するということの意義は、現在、国連や日本政府から幼児教育に期待されている持続可能な社会を担う次世代の育成に貢献をするという点に見いだされます。

日本で森のムッレ教育を展開する際の課題

　自然のなかで遊ぶことは素晴らしいのですが、自然のなかには起伏もあり、雨が降ると地面が滑りやすく、怪我というリスクが生じます。また、ハチや毒ヘビの居場所に近づかないように注意することも必要となります。そのため、自然で遊ぶためには、ルールをしっかりと守り、大人と子どもが信頼し合える関係をもつことが重要となります。

　ムッレボーイ野外就学前学校を視察した東京のある大学教授が、保育者が余

⑷　「森の野外保育園　森のムッレぽっぽ園」。住所：〒859‐1311 長崎県雲仙市国見町土黒甲1079‐1
⑸　桜井慶一監修『スウェーデンの自然環境教育から──身近な自然と遊んで育つ保育実践』わかば社、2018年、120ページ。

裕をもって子ども達を見守っており、子どもと大人が互いに信頼をして、その場が成り立っていると言って感心されていました。そして、「日本では、すぐに大人が援助してしまいがちなので、保育のあり方を考えさせられました」という感想を述べていました。

ちなみに、ムッレボーイ野外就学前学校では、「30年間、かすり傷はしても骨折のような大きな事故は起きていない」と校長が言っていました。子ども達は、毎日少しずつ難しいことに挑戦していくので、自分でセーブができるようになっているのです。「危ないと言って体験させないほうが危ない」とも校長は言っていましたが、非常に納得できる言葉です。

また、毒ヘビのいそうな場所に行く時は、子どもにも注意を促しますが、必ず長靴をはいて行くという予防対策をとっています。安全に関しては、保育者と保護者の理解を得ることが重要な課題になると思います。

もう一つの課題は、都会の子ども達にも、森のムッレ教室に参加ができるようにすることです。これは大きなチャレンジです。なぜなら、経済活動が優先されているため、せっかく園の近くに残っていた林も宅地にされたという話をよく耳にするからです。日本野外生活推進協会は、狭い園庭でも、都会の公園でも、工夫すれば森のムッレ教室ができることを保育士と子ども達に体験してもらい、森のムッレ教室を取り入れてもらうための活動を展開しています。

最近、スウェーデンでは、自然でよく遊んでいる5歳児のほうが自然に対する知識が豊富で、環境意識が高く、自然を大切にするという比較研究が発表されました[6]。また、森や野原で自由に遊んでいる子どものほうが病欠も少なく、集中力があり、運動神経も耐久力も強化されることが実証されています[7]。このような活動が、日本のより多くの保育現場で実践されることを願っています。

日本で教育的ドキュメンテーションを展開する強み

日本で展開する場合の強みとして、保育者が子どもと一緒に遊ぶことに長けているということがまず挙げられます。これは、過去15年間、森のムッレリーダー資格をもった日本の保育者に、スウェーデンの野外就学前学校での実習を定期的に行ってもらった時の様子から言えることです。スウェーデンの保育者

達はみんな、子どもの目線でよく遊ぶ日本の保育者に感心していました。

　森のムッレ教室は、子どもと一緒に遊び、一緒に発見し、感動し、反応して調べることを基盤にしています。それゆえ、森のムッレ教室の方法が、日本での展開において違和感なく受け入れられたのでしょう。

　子どもとよく遊ぶ日本の保育者は、子どもの観察もしやすく、教育的ドキュメンテーションも行いやすいと考えられます。兵庫県市島町において展開しているこども園では、毎回森のムッレ教室のあと、どんな発見があり、子どもがどのように感じたかなど、写真入りの「ムッレ便り」として保護者に発信して、保護者とのコミュニケーションを図っています。これをさらに発展させるために、ドキュメンテーションづくりに子ども達も参加して、共有されていくことを望みます。念のため、「一緒に遊ぶこと」だけは強調したいです。

　二つ目の強みは、日本の場合、自然の多様性が世界でもトップクラスだということです。亜寒帯気候のスウェーデンに比べて、亜熱帯気候である日本の動植物の多様性は比較にならないくらい豊富なものです。スウェーデンではカエルや虫を探すのも苦労しますが、日本では、田んぼに行けばすぐに何匹もの大きなカエルに出会えますし、きれいなチョウや虫を簡単に見つけることができます。このように、日本には科学的思考のプロジェクトで使う教材がふんだんに揃っているのです。これらをフルに活用してもらいたいです。

　三つ目の強みは、食育に対する意識の高さです。米作りや野菜作りといった体験は、日本の多くの園で盛んに取り入れられています。この農業体験から、オーガニックの取り組みやコンポストづくり、そして自然循環の教育に発展させる可能性が充分にあります。食は持続可能なライフスタイルと非常に大きな結び付きがあるので、日本で食育が進んでいることは今後の展開にとって大きな強みと言えます。

---

(6)　Nature Routines and Affinity with the Biosphere: A Case Study of Preschool Children in Stockholm Author(s): Giusti Matteo, Barthel Stephan and Marcus Lars Source: Children, Youth and Environments, Vol. 24, No. 3, Special Section on Greening Early Childhood Education（2014）, pp. 16-42 Stable URL: http://www.jstor.org/stable/10.7721/chilyoutenvi.24.3.0016

(7)　Grahn, P. Mårtensson, F. Lindblad, B. Nilsson, P. Ekman, A. "Ute på dagis" SLU Stad& Land 145. Alnarp 1997

122　第Ⅰ部　スウェーデンにおける教育的ドキュメンテーション

　現在、スウェーデンにおいて、森のムッレ教室は多様な形態で展開されています。一つは、協会のリーダー養成講座を受講したお母さん達がボランテイアで、1学期に4〜6回程度のプログラムとして週末に展開しています。この形態は、共稼ぎの家庭が多いため少ないのですが、支部のある全国各地で行われています。

　もう一つは、協会と公立、私立の就学前学校がライセンス契約をして、先生にリーダー養成講座を受けてもらい、就学前学校における活動の一環として展開する形です。全国で約300校が契約をしています。

　三つ目は、言うまでもなく野外就学前学校での活動です。現在、野外就学前学校は全国に193校あります。

　このようにスウェーデンで展開されている形態は参考にして欲しいところですが、真似る必要はないかと思います。それに、このような形態は長い時間をかけて作り上げてきたものです。そう簡単に真似ることはできません。

　ここで述べた日本の強みを踏まえて、日本の保育者のみなさんが活動を展開し、子ども達とともにバラエティ豊かなドキュメンテーションを作成し、教育的ドキュメンテーションにつなげていくことができれば、「日本らしい」森のムッレ教室を展開することができると私は確信しています。

　活動を展開していく段階において、もしお困りのことがあったら下記のホームページを参照してください。ここでは紙幅の関係で掲載できなかった写真なども含めて紹介しておりますので、きっと問題解決のお役に立てるかと思います。子ども達の創造性をさらに高めようとしている保育者のみなさんに、大いなる期待をしています。

・スウェーデン野外生活推進協会（Friluftsfrämjandet）www.friluftsframjandet.se
・ムッレボーイ野外就学前学校（I Ur och Skur förskola Mulleborg）www.mulleborg.se/
・日本野外生活推進協会　mulle.sakura.ne.jp/
　https://www.facebook.com › Places › Tamba-shi, Hyogo, Japan　フェースブック

第 II 部

日本の保育園での
ドキュメンテーション活用の試み

ドキュメンテーションを見ながら話し合っている子ども達

スウェーデン人から見た日本の保育

イングリッド・エングダール、白石淑江訳

　過去15年間に3回、私は美しい日本を訪問し、たくさんの保育園や幼稚園を見学しました。ここでは、私が日本の保育園や幼稚園について学んだことや、素晴らしいと思ったことを述べていきます。ただし、これはあくまでも大学のゲストとして招かれ、名古屋、広島、横浜、東京の保育・幼児教育施設を見学した時の、個人的な感想であることをお断りしておきます。

　なお、訪問した保育園や幼稚園は、私の友人であり仕事仲間でもある白石淑江教授や、彼女の大学およびOMEP[1]日本委員会とつながりがある所でした。

1　二つの伝統をあわせもつ

　保育・幼児教育の起源や伝統を辿ってみると、両国とも似通っていることに気付きます。ともに最初の幼稚園（kindergarten）は、1850〜1880年、地域の伝統と国内外のパイオニアから得たアイディアに基づいて創設されました。ご存じのように、ドイツの教育学者フリードリッヒ・フレーベル（Friedrich Wilhelm August Fröbel, 1782〜1852）は、世界中に幼稚園設立の運動を巻き起こしたことで知られる、最も重要な人物です。

　多くの国々では、二元化した保育制度が発達しました。一つは3歳からの短時間の保育を行う幼稚園、もう一つは、親が働いている間、子どもを生後3〜6か月から一日預かってケアをする保育施設です。

　スウェーデンでは、この二元化した制度を1975年に廃止しています。この時から保育制度は一元化され、「フォースコーラ（就学前学校）」（**資料2参照**）と呼ばれる保育施設になりました。この制度は、1〜5歳の子どもの保育を目的とし、保育料も低料金で提供するといったものです。また、教育と養護を一体

的に行うことを意味する「エデュケア（educare）」の理念を基本方針としました。

そして、1975年以降、すべての子どもに保育を提供する制度として充実したものとなり、現在では1〜5歳の子どもの84％が就学前学校を利用しています。スウェーデンの保育制度は育児休暇ともリンクしており、両親は子どもが1歳を過ぎてから就学前学校に通わせるという選択をしています。なお、この章で幼児教育施設について述べる時には、スウェーデンの「就学前学校（フォースコーラ）」の概念を用いることにしますので、ご承知ください。

最初に私が日本を訪れたのは2004年でした。日本の保育制度がどのように組織されているのか、というのが最初の疑問でした。そして、滞在している間に、養護と教育を行っている「保育園」と、教育に特化している「幼稚園」があることを知りました。

しかし、その後、日本では子どもや子育てに関する様々な問題を解決するための取り組みが進められ、2012年夏には「子ども・子育て支援法」が制定されています。人々が願うところは、保育・幼児教育の施設をより利用しやすくすることであると思います。保育園と幼稚園の機能をあわせもつ「認定こども園」（幼保連携型）は、スウェーデンの就学前学校に似ていると思います。

スウェーデンでは、1996年に就学前学校を管轄する官庁が社会庁から学校庁に移管されました。そして、就学前教育は初等・中等教育・成人教育と同じ法律によって規制され、学校庁が担当することになりました（**資料1**参照）。

就学前学校の80％は自治体によって運営されており、残りの20％は協同組合、企業、または非営利組織などによって運営されています。とはいえ、すべての就学前学校は税金による資金提供を受けています。この事実は、収容人数を増やし、すべての子どもに就学前教育を提供するためにとても重要なことです。

一方、日本では、2015年に「子ども・子育て支援新制度」がスタートしています。そのめざすところが、「待機児童の解消に向けた保育施設の拡充により、

⑴　Organisation Mondiale Pour l'Éducation Préscolaire（仏語）、「世界幼児教育・保育機構」と訳されている。第2次世界大戦直後のヨーロッパで、幼児教育に携わっている人々が、国境を越えて子ども達のために協力する目的をもって創設された国際機関であり、ユネスコの協力機関（NGO）でもある。現在、世界56か国が加盟している。

働きながら子育てしやすい社会を実現すること」(内閣府、2014年、p1) となっていることから、スウェーデンの制度改革の目標と同じであると言えます。

しかし、少なくとも二つの省庁が責任を担い、保育施設のかなりの割合が私立で運営されているところが気がかりです。私の経験から言えば、この状態だと、すべての保育施設が協力し合って目標を達成するというプロセスが複雑になる可能性があります。

2 子どもの数

日本の保育施設を見学して衝撃を受けたことの一つが、子どもの多さでした。しかも、園児数が200〜300人という保育園や幼稚園が珍しくはないということに驚きました。この人数は、言うまでもなくスウェーデンとは大きく異なります。スウェーデンの就学前学校は、クラス数が2〜4で、子どもの数が合計30〜75人というのが一般的です。

最初、私は待機児童が多いためかと思いましたが、すぐにこのような大規模な幼稚園や保育園が多い理由が分かりました。そして、大規模であるがために、環境や経営、給食、メンテナンスについて高い基準が設けられていることを知りました。

たくさんの子どもと保育者(京都の朱い実保育園にて撮影)

(左) みんな一緒に仲良く描画活動に取り組む
(広島の高陽なかよし保育園)
(右) 保育園のランチ（名古屋の大生幼児園）

　私はすぐに、日本の保育者が子どもの大きい集団を扱うだけの高いスキルをもっていることにも気付きました。大きな集団のなかでも、子ども達がルールに従って、多くの友だちと楽しく過ごすように保育者が援助をしていたのです。これは、室内の活動でも同じでした。描画活動に取り組んでいる時も、それぞれ自分の活動に専念するように指導されていたのです。
　それぞれの国の伝統文化は、子どもの日課にも影響を与えています。日本とスウェーデンのもう一つの違いが、食事に関することです。スウェーデンでは、低年齢の時から食事を自分で取り分けるよう躾けられていますが、日本では調理室の職員や保育者がトレイにきちんと盛り付けていました。

3 豊かな戸外の環境

　日本では、幼稚園や保育園は在園児だけが利用する場であり、柵や鍵が付いた門が設置されています。園庭の大きさはスウェーデンと同じくらいですが、子どもがたくさんいるので、一人当たりの空間は日本のほうが狭いでしょう。
　一方スウェーデンでは、多くの就学前学校がオープンで、誰でも門を開けて

128　第Ⅱ部　日本の保育園でのドキュメンテーション活用の試み

(左) 2階の回廊から園庭を見渡す
(右) 屋上の1・2歳児の遊び場（広島の高陽なかよし保育園）

入ることができます。また、近くの公園に出掛けることもよくあるので、午後になると誰もいないということもあります。事実、夕方や週末には、年長児が公園で遊んでいるという姿をよく見かけます。

　広島の「高陽なかよし保育園」を訪れた時のことです。高い塀と壁で囲まれた園舎や園庭を見た時の印象は、子どもにとってよい環境であるとはとても思えませんでした。しかし、観察をし始めると、それが大変よく計画されており、子ども達をたくさんの遊びに誘う豊かな環境であることに気付きました。

　また、乳児や1・2歳児の子どもの部屋を2階に設けていることについても、最初は理解に苦しみました。幼い子どもを抱いた親が、階段の上り下りをしなければならないのではないかと懸念したわけです。けれども次の瞬間、2階の部屋が広いバルコニーにつながっており、そこには低年齢児だけが使える野外用の遊具がいくつも置かれていることを発見したのです。

　このようにすれば、室内と戸外を自由に移動することができますし、同時に、低年齢の子ども達が年長児に押しのけられるという危険もありません。加えて、低年齢児に全身的な運動を促すことができますし、階上から年長児の遊びを観察することも可能となっています。

乳児が年長児の遊びを観察する（高陽なかよし保育園）

　2016年の日本訪問では、横浜の「おおつな保育園」を訪れました。この時も私は、入念に計画された野外環境を見ています。子どもの数からすると「狭い」と言えるスペースでしたが、保育園では多くの種類の遊びができるように工夫がされていました。

多様な遊びを提供する（横浜のおおつな保育園）

第Ⅱ部 日本の保育園でのドキュメンテーション活用の試み

チャレンジ遊具（分園のおおつな森の保育園）

さらに、4～5歳児の子ども達にはもっといろんな挑戦が必要ではないかと考えた園長先生によって、森の近くにある開放的な雰囲気の新しい園舎（分園）が建てられていました。年長児は分園に連れていってもらい、新しい遊びに挑戦したり、探究的な学びをしていました。

4 子ども主体の保育

最後に、日本の保育園・幼稚園を見学した感想のなかで一番重要なことをお伝えします。それは、子どもに対する保育者の態度です。日本の保育者が子どもに寄り添いたいという思いをもち、子どもと近い距離で働いていることに気付いた私は幸せな気分になりました。このような関わり方によって、子ども達の遊びの世界を知ることができるのだと思います。

保育の質に最も大きな影響を与えるのは、十分に訓練された保育者であることは多くの研究調査からも明らかです。82のサンプルを用いた48件の研究調査結果を分析した国際的研究は、保育者の資格と幼児の学びにおける環境の質との間には、有意な正の相関関係が認められることを実証しています[2]。この研究結果は、いくつもの国から得られた証拠であり、文化や情況に依存するものではありません[3]。ちなみに、スウェーデンの研究では、子ども主体のアプロ

子ども達の遊びの輪に入って遊ぶ保育者（名古屋の大生幼児園）

ーチが重要であること、また子どもの学びは保育者と子どもの関係の質がよいと高まることを明らかにしています[4]。

　日本を訪問したことで、日本の保育者が慎重な計画を立てるために時間をかけていることを私は知りました。本書では、白石教授をはじめとしたみなさんが教育的ドキュメンテーションの可能性を発展させようとしています。計画立案と文書化は、保育者にとって重要なスキルと言えます。

　しかし、重要なことは、計画立案と文書化は子どもの視点に立って行わなければならないということです。子どもに寄り添い、直接に関わる保育方法以上のものはないのです。保育の質は、子ども主導と保育者主導のバランスを見いだすことで向上していくのです。

　以上が日本の保育園や幼稚園を訪問して受けた印象です。もちろん、語りたいことはもっとたくさんありますが、日本で温かい歓迎を受けたことに感謝して、この章を終えたいと思います。日本の保育園や幼稚園のみなさんと、これらの訪問から私が学んだことのすべてに感謝します。ありがとうございました。

---

(2) Manning, Garvis, Fleming & Wong, 2017
(3) Farrell & Pramling-Samuelsson, 2016
(4) Engdahl & Ärlemalm-Hagsér, 2014; Pramling, Doverborg & Pramling-Samuelsson, 2017

第2章 試行的実践から見えてきたこと
―新しい目で子どもや保育を見るために
（白石淑江、あかつき保育園保育士、ジェーン・ウエンズビィ）

1 自主研究会の発足

　名古屋市でのドキュメンテーションの取り組みは、関心をもつ保育者や研究者との自主的な研究会を開くところから始まりました。最初は、2012年12月に開園したばかりのM保育園（0歳～3歳、定員40名）で、2013年1月からドキュメンテーションに関する研究会を始めています。

　まず、筆者（白石）がスウェーデンで学んできたその作成手法について説明をし、2013年4月から各クラスにおいて、個別またはグループの子どもの生活や遊びの姿を観察し、写真を添えた文書を作成することにしました。そして6月、作成したドキュメンテーションを資料として研究会を開きました。

　研究会の冒頭、ドキュメンテーションを作成した保育者が、観察の視点や子どもに関する気付きについて報告し、参加者は小グループに分かれて、この報告に対する感想や意見を出し合いました。設定した研究会の時間は2時間ほどで、報告者は1回に2～3人、2か月に1回のペースで開催しました。

　また、この年の11月には、スウェーデンの就学前学校でペダゴジスタ（**資料2参照**）を務めるジェーン・ウエンズビィさん（第1部第2章の著者）を招聘して、筆者の勤務校で公開講演会も開催しています。テーマを「教育的ドキュメンテーション――就学前教育のためのツール」とし、M保育園の保育者を含めて、近隣の保育園の保育者や研究者が約30人参加しました。

　講演では、「ドキュメンテーションとは何か」と「その機能や作成方法」について実践例を挙げていただきながら説明をしてもらいましたが、この時はまだ講演の内容を実践と結び付けることは難しかったというのが正直なところです。

例えば、彼女は「ドキュメンテーションは、写真、ビデオ、観察記録を使うが、写真アルバムのように、過去を振り返るという後ろ向きのものではない。ドキュメンテーションの目的は、子どもがどういうことに興味をもっているかを把握して、保育者がそれに対してどのように関わったらいいのかを考えるという前向きのものである。ドキュメンテーションを使うことが私達の実践の中核となっており、これを教育的ドキュメンテーションという」と語ったのですが、この「前向きのもの」とか「実践の中核」という意味は、実際にドキュメンテーションの活用に取り組んでみて初めて分かったことです。

2 試行的実践（1）—小さな活動をつなぐ

2014年には、前述の講演会に参加したあかつき保育園（概ね1歳〜6歳、定員149名）においても研究会を開くことになりました。この保育園は名古屋市内にある民間の保育園で、3歳以上は異年齢クラスを編成し、3・4・5歳児20名（障がい児を含む）を2名の保育者が担当しています。

子どもを「一人の人間として尊重するという姿勢を明確にする」という保育方針から、子どもを「小さい人」と呼び、保育者は「先生」と呼ばずに名前で呼んでいます。また、遊びを中心とした日課を組み、小さい人達が自由で明るい雰囲気のなかで安心して生活をし、自分に自信をもつとともに自主性・自発性を培うことをめざしています。

以下では、あかつき保育園において、教育的ドキュメンテーションを活用した試みから見えてきたことを報告します。なお、事例の記述においては、読みやすさを考慮して漢字表記とし、子どものことを「小さい人」と記します。

1年目となる2014年は、合計4回

あかつき保育園

の研究会を開催しています。1回目の研究会では、A保育園が所属する社会福祉法人の保育者を対象にして、筆者がドキュメンテーション作成の目的や、活動場面の文書を短時間で作成する方法について説明を行いました。作成の要点として、以下の五つが挙げられます。

❶子どもの興味や関心、質問やアイディア、行動、子ども同士の関わり合いなど、保育者が子どもの日々の生活や遊びのなかで関心をもった場面に焦点を当てて観察する。

❷観察対象は個人でもグループでもよい。

❸観察する際、子どもの言葉や会話をメモや録音で記録する。子どもの活動やその場面を説明するための写真や映像を撮る。子どもの描いた絵や製作物などを集める。

❹以上の材料を用いて、観察場面が見えやすいように工夫して文書を作成する。

❺文書には、関心をもった理由、子どもに関する気付きのほか、保育者の思いや考察を書く。

　そして、2回目と3回目の研究会では、報告者が作成した短時間の活動のドキュメンテーションを資料として意見交換を行いました。参加者は数人のグループに分かれ、子どもについて気付いたことや保育者の援助について話し合い、その内容を全体会で報告しました。

　以下は、研究会で取り上げた事例の概要とそこで出た主な意見です。

事例　**小さな活動をつなげる**　（あかつき保育園保育士・鋪田敦子、川口真美）

コーナー遊びで始まった郵便屋さんごっこ

　保育者は、複数あるコーナーのなかで、特に人気のあったコーナーでの遊びを追っていこうと思って観察した。

　6月のある日、段ボール箱を開いて「ままごとコーナー」の仕切りにしたところ、そこにいた男女児3人（4歳）が段ボールに穴が空いているのを発見し、その穴に玩具などを入れて遊び始めた。

保育者が「ポストみたいだね」と声をかけると、女児（4歳）が「お手紙入れたい」と言って紙の受け渡しを始めた。さらに2人の女児（3歳）が加わり、「ママに手紙を書きたい」と絵を描いた。また、そばで動物ごっこをしていた女児（4歳）が、口に紙をくわえ、それを穴に入れて遊び始めた。保育者は、小さい人達と「次はポストを作ろう」と話し合った。

穴に手紙

主な意見：保育者の一言で、穴をポストに見立てる遊びに変化している。歌（ヤギの郵便屋さん）のイメージに結び付いた遊びも広がっている。ポストを作ると、郵便屋さんごっこが広がっていくのではないか。5歳児が興味をもって関わると、新たな展開が生まれるかもしれない。この続きがどうなるかを継続して観察し、報告してほしい。

○**郵便屋さんごっこのその後（1）**

　保育者は小さい人達と一緒に赤い色のポストを作り、いつでもそれで遊べるようにと部屋に置いた。ある日、女児3人（3歳）がま・ま・ご・と・で、ポストをお弁当箱に見立てて遊んでいると、男児（4歳）がやって来て、「それはポストだよ。僕、お手紙入れたいのに……。こうやって紙を半分に折って入れるんだよ」と紙を折り始めた。すると、周囲にいた男女児6人が集まってきて、「ピンポーン、郵便でーす」「お手紙入れます」と郵便屋さんごっこが始まった。

　しかし、しばらくして「新聞入れまーす」という言葉を機に、4人の男児（4歳）が「パパが新聞読むよ、野球を見るんだよ」とか「野球やろー」と言ってその場から離れてしまい、やがて一人もいなくなってしまった。

赤い色のポスト

保育者は「遊びを継続するにはどうしたらよいか」と、参加者に意見を求めた。

主な意見：子ども達が作ったポストは、郵便受けであるなら取り出し口があったほうがよい。郵便ポストと思って手紙を出している子どももいる。ポストのイメージが異なったまま遊んでいるように思う。散歩の時などに、実際に郵便受けと郵便ポストを見に行って、双方の違いを確認したらどうか。

○**郵便屋さんごっこのその後（２）**

その後、小さい人達は、実際に街のなかにある郵便ポストを見に行き、大型のポストを作った。ままごとコーナーでは数人が郵便屋さんごっこを続けていたが、間もなくプール遊びの時期となり、年長児は夏のキャンプへの関心が高まり、郵便屋さんごっこは下火となった。また、保育者も郵便屋さんごっこを継続的に観察し、記録することが難しくなってしまった。

そして、研究会も日程調整が難しくなり、開催が延期となっていたが、年度末の３月に４回目を開催した。そこでは、初めての試みから学んだことを確認し、次年度に向けて年間保育計画を見直し、小さな活動をつないでクラス全体の活動に広げていきたいと話し合った。

3 ドキュメンテーション活用に関する学び（1）

小さな活動をつなぐ──保育者の省察

この事例からも分かるように、保育者が短時間の活動を観察し、それを文書化するということは、単なる保育記録を作成することに留まりません。保育者は文書を作成しながら、子ども達はどんなことに興味をもち、どのように楽しんでいたのかを振り返り、今後の関わり方を考えているのです。つまり、ドキュメンテーションを作成することで、一つの小さな活動を振り返り、省察して、次への活動につながるきっかけがつくり出されるのです。

スウェーデンの学校庁が発行した就学前教師向けの手引き書「就学前学校に

おけるフォローアップ・評価・発展」[1]には、「教育的ドキュメンテーションは保育活動のエンジンであり、子どもの生活のなかで今起こった出来事と、これから起こることをつなぐ役割を担っている」と述べられています。

　つまり、教育的ドキュメンテーションとは、子ども達の間で起こっていることに聞き耳を立て、それを記録して見える形にするだけではなく、次にどんな活動をするかを話し合うための資料として活用していくことなのです。過去を振り返る「後ろ向き」のものではなく、明日を考える「前向きのもの」とする理由がここにあります。

子どもの声を聞くこと

　小さな活動を次の活動につなげていく時に重要なことは、子どもの声をよく聞くことです。事例報告の保育者が子どもと「ポストを作ろう」と話し合ったように、子どもの願いや要望を聞くことが次の展開につながっています。しかし、事例の後半場面のように、子どもの関心は弱まっていても、保育者が何らかの働き掛けをして興味を引き出したいと考える場合もあります。

　このような場合、ドキュメンテーションを資料にして、そこで起きたことを振り返ることで次の展開を考えるためのヒントを見いだすといったことが多いものです。しかも、担任の保育者だけでなく、ほかの人の意見を聞くという機会をもつことができれば、さらに有意義なものとなります。

　研究会では、同僚の保育者がドキュメンテーションをもとに、その場面の遊びのイメージを推察し、子ども達の声にならない言葉を感じとって意見を出し合っていました。子どもの声を聞くということは、音声言語を聞き取ることだけではないのです。彼らの内側にあるイメージや要求、願いをくみ取ることでもあります。

　前述した手引き書には、「教育的ドキュメンテーションを通して、子どもも大人も、その出来事に関わったすべての人が、その出来事を『再訪問』することができる。そして、写真や録音、その他のものを通じて出来事を追体験し、

---

[1] Skolvelket "Uppfoljning, utvardering och utveckling i forskolan – pedagogisk documentation –" スウェーデンの学校庁から発刊された教育的ドキュメンテーション活用の手引書。

138　第Ⅱ部　日本の保育園でのドキュメンテーション活用の試み

その状況に取り組むことができる」と書かれています。

同僚との話し合い

　ドキュメンテーションは、写真などを使って、子どもの言葉や行動、子ども
と保育者の関わりが目で見て分かるように作成されます。それゆえ、研究会に
参加した人達はイメージを共有しやすく、意見も出しやすいのです。

　報告者は、同僚に説明することを通して、自分の見方や考え方を意識化する
ことができますし、同僚の意見を聞いて、異なる視点から子どもを見たり、保
育実践を考え、今後の活動や環境構成のアイディアを得ることができます。

　手引き書でも、「教育的ドキュメントテーションが活動の発展に貢献するた
めには、子ども達や保育チームを含むすべての関係者が一緒に議論し、評価す
ることが重要である。議論や対話こそが、ただのドキュメンテーションを教育
的ドキュメンテーションにすることができる」と述べています。

保育目標、保育計画との整合性

　ドキュメンテーションの活用はあらゆる保育方法に適合するものではありま
せん。最も有効な活用方法は、子どもの興味・関心を探り、子ども主体の探究
的な活動を継続、発展させていく保育実践において、となります。

　あかつき保育園では、子どもが自発的、意欲的に環境に関わって遊び、子ど
も同士の関わりを育むことを目標に掲げています。それゆえ、ドキュメンテー
ションを活用する試みは、園の保育方針に適するものと考えて取り組み始めた
わけです。

　しかし、実際に試してみると、子どもが遊びや活動に専念する時間が足りな
いこと、それを見守る保育者の側にもゆとりがないことが明らかになりました。
この結果をふまえて、次年度に向けての年間スケジュールを見直し、子どもの
発想やアイディアを受け入れて、できるだけ自由な活動が展開できる柔軟な保
育計画に修正しています。

4 試行的実践（2）—小さな活動をつなぎ、クラス全体の活動へ

　2年目（2015年度）は、クラス毎に子ども達のなかから生まれた小さな活動をつないで、次第にクラス全体の活動に育てていくことをめざして取り組みを始めました。以下では、一つのクラスの実践例を3期に分けて紹介し、ドキュメンテーションの活用について学んだことを述べていきます。

　なお、記述においては、本事例の概要をまとめたものを英訳し、これを就学前学校のペダゴジスタであるウェンズビィさんに説明し、彼女から得られたコメント（英語）を参照していることをお断りしておきます。

　事例のクラスの子ども数は合計20名（5歳児7名、4歳児8名、3歳児5名）、保育者は2名配置されています。保育者の記録においては、前掲同様、子どもを「小さい人」と記しました。

事例　色混ぜ遊びと船作り（あかつき保育園保育士・飯田里恵、則竹美咲）

Ⅰ期その1　てんとう虫電車を作ろう

　4月に新しいクラスが編成された。3歳児にとっては初めての年長児との生活であったが、4月当初から5歳児が3歳児を思いやり、世話をしてあげようとする優しい雰囲気があった。

　5月に親子遠足に出掛けた翌日のことである。玄関に「遠足に行ってきました」という写真付きの「お便り」を掲示すると、それを見たN君が、父親と一緒に乗ったてんとう虫電車を思い出して「てんとう虫乗りたい！」と訴えた。それを聞いていた男児（5歳1人、4歳2人）が、「N君にてんとう虫電車を作ってあげよう」と言い出した。

　保育者が「どうやって作るの」と尋ねると、「段ボールとかで作りたい」というので、給食室の前にあったのをもらって来た。そして、「てんとう虫だからまずは赤にしなきゃ！」（J・4歳）、「折り紙貼りたい！」（Y・4歳）、「いいね、赤い折り紙と黒い折り紙がいるよ」（K・5歳）と材料を用意し、製作がスタート。周りで見ていたHちゃん（3歳）とMちゃん（3歳）も

大型積み木で船作り

参加して、折り紙で模様をつけた。完成すると、N君は大喜びで廊下を走り回った。

Ⅰ期その2　電車から船づくり、そして海づくりへ

1週間後、N君が遊ばなくなったてんとう虫電車を、K君（5歳）とR君（5歳）が船に見立てて遊び始めた。R君が一緒に船に乗ろうとしたところ、箱が狭くて入れない。2人はしばらく試行錯誤していたが、うまくいかず、「なら、大きいもので作りなおそうよ」（K・5歳）、「積み木とかを使って作ろう」（R・5歳）ということになった。

翌日、船作りを楽しみにして登園して来たR君（5歳）とK君（5歳）は、朝の会が終わると、「今日はみんなが入る船を作るよー」と呼び掛けた。あちこちから「いいね〜」という返事が返ってきて、大型積み木で船づくりが始まった。

3、4、5歳児が入り混じり、「階段できた」「お家みたい」「秘密基地の船だ」など、それぞれのイメージで遊び始めた。やがて昼食の時間が近づいたので、保育者が「そろそろ片づけしたいな〜」と声を掛けると、「嫌だ！片づけたくない」とか「このままがいい！」と小さい人達は猛反対した。しかし、保育者が3歳児のお昼寝の場所が必要であることを伝えると、Yちゃん（5歳）が「なら、次は壊れない船作ればいいじゃん！」と提案した。

すると、みんながこの意見に賛成した。

しかし、壊れない船にするにはどうしたらいいのか、なかなか名案が浮かばない。

「大きな段ボールとかにする？」「う〜ん……」

「どうしようね」「う〜ん……」

みんなが黙り込んでしまった時、Hちゃん（5歳）が「ねえ、なら船の前に海を作ろう」と言い出した。Cちゃん（5歳）とYちゃん（5歳）が「いいねー」と賛同すると、話を聞いていた4歳児や3歳児も、「海、作るの？」「海、行ったことあるよ」「早く作りたい！」と身を乗り出した。

Ⅱ期その1　色を混ぜる面白さを発見

6月末、大きい海を作るのに使えそうなものがないかと探したところ、破れて使えなくなったテープが見つかった。テープを広げると大きなクジラが描かれていた。みんな「ヤッター！　海にピッタリじゃん！」と大喜びで、水色の絵の具を取り出して塗り始めた。すると、誰かが「全部が水色だと海っぽくないよねぇ〜」と言い出し、「水色だけじゃなくて、岩とかワカメとかも描いたほうがいいんじゃない？」という意見も出てきた。

7月に入り、2回目の海作り。ワカメの色や海の色についての会話が交わされるなかで、小さい人達は色を混ぜる面白さを発見した。

全部が水色だと、海っぽくないよね

C（5歳）　海って、水色と青色のところがあるよね？

H（3歳）　オレンジ色の海だってあるよ！

保 育 者　オレンジ色？

C（5歳）　あ〜夕方ってこと？

H（3歳）　うん。

C（5歳）　なら、混ぜて塗ってみようよ。

H（3歳）　いいよ〜！

C（5歳）　わー、こんな色になったよ。

H（3歳）　え〜何これ？

C（5歳）　まっくろじゃん！

H（3歳）　え〜見せて！

　Hちゃん（3歳）は喜んで、混ぜた絵の具で塗り始めた。すると、先に塗られていた絵の具と混ざりあった。

H（3歳）　見て〜、また色が変わったよ。

　それを見ていた周りの小さい人達が好奇心をかき立てられ、色を混ぜる遊びが広がった。

Y（5歳）　ピンクとオレンジでサンゴの色を作ったよ。

H（5歳）　筆を動かすと絵の具の模様が変わるんだよ！　今はハート。このままにしておきたいけど……。

　J君（4歳）は色を混ぜることが嬉しくて、笑いが止まらない。探究心が旺盛なK君（5歳）は、3色、4色、5色と色を混ぜて自分の色を作り出していた。Yちゃん（5歳）は、いろんな色の絵の具が手につき、その色が自分の手のなかでグーパーグーパーすると混ざっていく感触と色の変化を楽しんでいた。

　そして、色混ぜへの興味は、海を塗り終えて筆を洗う時まで続いた。

Yu（5歳）　絵の具を洗うと、色の水ができるんだよ。

保 育 者　へ〜、すごい！

K（5歳）　なんかジュースみたい。

H（5歳）　何ジュース？

C（5歳）　こんな色のジュースないよ。

Y（5歳）　でも、かわいいきれいな色だよね。

Ⅱ期その2　色混ぜ遊びに夢中

　7月のプール遊び、8月のキャンプ（5歳児）や夏祭り、9月の運動会などを終えると、小さい人達から「また色を作って遊びたい」という希望が出された。

　10月7日、保育者は、白い画用紙をパレットにして好きな色を混ぜることを提案した。「好きにやってみていいよ」という保育者の言葉に促され、「ちょこっとずつ出して、混ぜていこう」「白を混ぜるとかわいい色ができるから、白はいっぱい出したほうがいいよ」「指が10本あるから10回混ぜれるわ〜」などと言いながら、次々に取り組み始めた。

　保育者は、小さい人達が色混ぜに夢中になる姿を見守りながら、この活動の過程で製作したものを2月の作品展で展示したいと考え始めていた。

Ⅱ期その3　色混ぜ遊びが広がって

　10月15日、色混ぜ遊びが続くうちに、絵の具を使う時には混ぜるのが当然のことのようになってきた。廊下の壁面を作る時、Yちゃん（5歳）は自分のお気に入りの色を作って塗りたいと言い、「これは病院のかぜ薬の色だよ」とか「鮭もこの色だっけ？」と話しながら描いていた。

　10月19日、自由に絵を描いている時、Hちゃん（5歳）はクレヨンでも色を混ぜて楽しんでいた。「白とオレンジを混ぜたら、かわいい色になったよ」と、嬉しそうであった。そして10月20日、いつものように、絵の具を使ったあとで筆や容器を洗っている時、楽しそうな会話が聞こえてきた。

H（5歳）　すごいかわいい♡

Y（5歳）　なんか美味しそう！
H（5歳）　いちご味みたい！
Y（5歳）　こんなジュース飲んだことあるよ。
H（5歳）　本物だったらいいのにね〜。

おいしそうな色ができた

　10月21日、昨日の色水遊びを見ていたR君（4歳）とJ君（4歳）が、「僕達もジュース作りやりた〜い」と言ってきた。J君が「カルピスにしたい」と白い絵の具で作ると、Y君（4歳）も加わり、「コップに入れたほうがジュースっぽいよ」と提案した。
　保育者がコップを用意すると、3人は、「（オレンジを混ぜると）オレンジカルピスになるよ」とか「美味しそう」と言い、味を想像しながら楽しんでいた。すると、そこへ「私達もやりたい」とYちゃん（5歳）とHちゃん（5歳）がコップを持って加わった。

II期その4　何色を混ぜたかが分かるようにしたい

　10月23日、保育者は、みんなが発見した新しい色の絵を保育室内に展示した。その絵を見ていたCちゃん（5）とSちゃん（3）の会話である。

C（5歳）　すごい！　みんないろんな色を発見したんだね！

第2章 試行的実践から見えてきたこと── 新しい目で子どもや保育を見るために　145

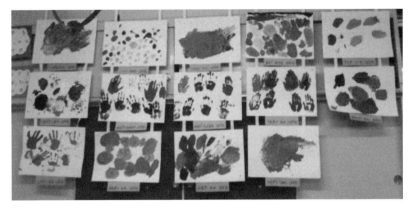

みんなが発見した色

S（3歳）　Sのもあるよ。
C（5歳）　ほんとだー、ねえ私の、何色混ぜたか分かる？
S（3歳）　…………
C（5歳）　ゆり（5歳児グループ）の子は分かるけど、ばらさん（3歳児グループ）は分かりにくいよね。そうだ！「これとこれを混ぜたらこうなる」ってのを描いて貼れば、Sちゃんにも分かるんじゃない？
保 育 者　いいね！　でも、どうやってやるの？
C（5歳）　こうやってこうやって……（ジェスチャーで説明）
保 育 者　よく分からないから作ってみて。

　保育者が紙と鉛筆を用意すると、Cちゃんは早速イメージを描き始めた。途中、「これはどうしよう」とか「こうすると混ぜるって意味が分かるかな？」と迷った時には、周りの友達や保育者が「いいね！」とか「こっちのほうが分かりやすいよ」とアドバイスし、表の下書きが完成した。
　すると、「私達もやりたーい！」とYちゃん（5歳）、Hちゃん（5歳）が加わり、表作りに熱中し始めた。

H（5歳）　あ〜、ベージュってどうやって書くんだっけ？
保 育 者　難しい色を知ってるね。あいうえお表で見てみたら？

早速、ひらがな表を広げ、難しい言葉を調べながら、好きな色を組み合わせて色混ぜ表作りを進めた。S（3歳）ちゃんも、ひらがな表を使って字を書く練習を始めた。
　10月26日、色混ぜ表ができると次は色塗りである。最初に5歳児が2人1組になって色を塗り始めると、4歳児も3歳児も「やりた～い」と言って集まってきた。

色混ぜ表作り「○色と○色で○色になるよ」

　Hちゃん（5歳）は、自分達で作った紫色と折り紙の紫色を比べて、「青が多いからかな？」とか「赤が多いからかな？」と比較しながら、折り紙の色に近づけようと研究していた。また、混ぜる色の割合で完成する色に変化が出ることにも気付き、「おんなじくらい混ぜてね」とか「同じじゃないと色が変わっちゃう」と、混ぜる分量に注意しながら進めていた。
　保育者は、小さい人同士で話し合いながら混ぜる色の割合を調整している姿を見て、色混ぜ遊びが奥深いものになったと感じた。

Ⅱ期その5　新しい色に名前をつける

　色混ぜ表作りは、その後もさらに進展した。
　Sちゃん（3歳）がMちゃん（3歳）と2人で色を塗っていると、「この色めっちゃかわいい！」とか「ほんとだ～」と言って、周りの人達が集ま

ってきた。

　S（4歳）ちゃんが「この色、何色？」と身を乗り出すと、「うすむらさき？」「違うよ」「ピンクむらさき？」「そんな色ないでしょ？」「……わかんないね」と様々な意見が飛び交った。

保 育 者　レモン色とか桃色みたいに、何かそれに似た物の名前の色なんじゃないかな？
S（5歳）　うーん……なら、ぶどう色じゃない？
M（3歳）　分かった！　種のないぶどう色だ！

　面白い発想の色の名前にみんなで大笑い。それからは、新しい色に名前を付ける楽しさを発見し、「明太マヨ色」「赤ちゃんペンギン色」「お母さんゾウの色」「夕方の海の色」など、楽しい名前が付けられた。

Ⅱ期その6　ジュースを混ぜたらどうなる？
　11月初旬のある日、色水遊びにはまっていたR君（4歳）とJ君（4歳）が、「本物のジュースでいつ作るの？」と保育者に尋ねてきた。そこで保育者は、「どんなジュースを作りたいか、描いてみて」と伝えた。
　R君（4歳）とJ君（4歳）が「色は描けるけど、コップは描けない」と言うので、保育者がコップを描いてあげると、J君は「桃とオレンジにする」

ジュースを買いに行こう

ジュースをまぜる計画

と色を塗り始めた。すると、周りにいた4歳児、5歳児が集まってきて、それぞれにどんなジュースを飲みたいか、混ぜるとどんな味になるかを想像しながら描き始めた。

11月11日、待ちに待った本物のジュースを買いに行く日がやって来た。朝、何のジュースを買ってくるのか話し合った。保育者は、ジュースは飲み物であるから、無駄にしてはいけないことを伝えた。また、「みんなの好きなジュースを買いたいけど、一人に1本は多いので、何のジュースを買うか、みんなで決めよう」と話した。

いよいよジュース混ぜの実験が始まった。まず、どんな色のジュースかを透明なコップに入れて確かめた。そして、順番にジュースを混ぜて飲んでみた。その結果は、「おいしいー」と喜ぶ人、「……うーん……」と期待が外れた人など様々であった。しかし、誰もが「やってみたいな〜」と思っていたことを実際に体験できて、満足そうであった。

III期その1　作品展に向けて船を作ろう

12月、浦島太郎の劇遊びで竜宮城を作った。絵本で使われていた色を再現するため、赤・オレンジ・黄色を混ぜ、話し合いながら理想の色に近づけていった。そして最後には、K君（5歳）が「さっきまでは赤だったのに、塗っていくうちに絵本と同じ色になった」と言って笑顔になった。

1月7日、新年も明けて、ほかのクラスが大きな作品を作っているのを見て、「あれは何してるの？」とか「とんかち使ってすごいね〜」と興味をもった。そして、作品展で飾るものを作っていることを知り、自分達のことが気になった。

保 育 者　何をするかまだ決めてないんだけど、前にみんなで作った海と、
　　色混ぜした絵は飾ろうと思ってるんだけどね……どうしよう？
Y（5歳）　そうじゃん！　海の次は船作るって言ってたじゃん！

小さい人達は、「そうだったねー」「そうしよう」「早く作りたーい」「今日から作ろう！」とやる気を見せた。

保育者 船って決まったけど、どうやって作る？ どんな船作りたいか決めた？ 分かりやすく絵で描いて教えてくれないかな。

好きな素材で船を作る

　小さい人達は「分かったー！」と早速取り掛かり、描画、ブロック、ラキュウ、カプラと思い思いの素材で船を作り始めた。そして、最後にお互いの船を見せ合って話し合い、Y君（5歳）が描いた絵の船をモデルにして作ることになった。

　1月8日、朝から「船を作ろう！」と盛り上がっている。保育者が大きな段ボールを運んでくると、早速、図案（絵）を見ながら話し合い、船の先端部分を作ることになった。

　保育者が手を添えてカッターナイフを使って段ボールを切り開き、その段ボールに色を付けた。このころになると原色の絵の具で塗る子はおらず、みんな色混ぜを楽しみ、お気に入りの色を作ることに夢中になっていた。

　1月13日、同じ法人の保育園から大型の段ボールを分けてもらった。「もっと大きいのが作れるじゃん！」と、みんな大喜び。5歳児数人が品定めをして、一番大きいのを選んだ。

船の図案

段ボールを運んで

1月19日、お得意の色塗りの時間。みんな、色混ぜを楽しんで塗っていく。それぞれに工夫し、「さつまいもの色ができた」とか「明太マヨの色ができた」などと喜んでいた。

　1月27日、色塗りした段ボールを組み立てにとりかかる。「全員が入れる船がいいよね」と、みんなで段ボールの囲いの中に入って大きさを決めていった。

みんなが入る船を作ろう

　大きさが決まったらテープで仮止めをし、そこをボンドで接着した。みんなで「これが固まったら船が建つよね」と、完成図を思い浮かべながら話していると、Yちゃん（5歳）、Hちゃん（5歳）が近くに長い段ボールを見つけた。2人は「これ何かに使えないかな？」とクラスの仲間に相談し、その結果「旗の柱を作ろう！」ということになった。そして、早速、色塗りを始めた。

　2月上旬、「旗の柱」の絵の具が乾き、ボンドを使って接着した。その傍らで、4歳、5歳の男の子達は「船のイカリ」を作ろうと話し合っていた。「ここは尖らせたほうがかっこいいよね」とか「ここはこんな形だよね」と相談しながら段ボールに下書きをし、保育者に手伝ってもらいながらカッターで切り抜いた。

　3歳児達は、「海のなかには何がいるのかな？」と、紙皿や画用紙を使い、魚、タコ、イカ、カニ、サンゴ、海の中の石……などを作った。

第 2 章　試行的実践から見えてきたこと— 新しい目で子どもや保育を見るために　151

「旗の柱」と「船のイカリ」を作ろう

　それから、船の柱につける大きな旗を作ることになった。「旗に何か書きたい！との提案で、話し合った結果、クラスの名前である「ぞう」の絵を描くことになった。また、4歳、3歳の小さい人達が中心になって、船に窓を開けたり、船のハンドル（舵）を作った。さらに、「船の中はパーティーなんだよ」とビニール袋を三角に切って小さい旗を作ったり、ブドウやミカン、イチゴを飾ったケーキやお蕎麦などのご馳走をつくった。

船のハンドルとケーキを作る

2月24日、25日に作品展を開いた。船の隣には作成の過程を撮った写真と、これまでのドキュメンテーションを綴じた冊子を掲示し、仕上がった作品だけでなく、それを作る過程を見てもらった。保護者達は、5月の親子遠足の思い出から今回の作品につながった過程を知り、小さい人達の発想や感性に驚くとともに、小さい人達の成長に感動していた。

（右）船作りのドキュメンテーション
（左）完成した船を展示

 2月下旬、作品展が終わってから、船の上でパーティーごっこが始まった。「みんなで入ったらちょうどいいね」とか「ご飯を食べよう」と、ほかのクラスの友達も誘ってのパーティーごっこは大盛況となり、船が展示されている間ずっと続いた。
 3月、年長児の卒園の日が近づき、船を解体することになった。すると、Cちゃん（5歳）が、「こんなに可愛く塗ったのに壊しちゃうのもったいないよね〜」と寂しそうにつぶやいた。

保育者 なら、どうする？　何か作る？
C（5歳） うーん……どうしたらいいか分かんないけど……写真立て作りたい！

保 育 者　いいねー！　作ろう！！
C（5歳）　もうすぐ卒園だから思い出になるね。

　ほかの5歳児もこの提案に賛成し、「キラキラの飾りをつけたい」と割り箸で縁取りし、スパンコールの飾りを付けた。船の壁を再利用した、とても素敵な写真立てができあがった。

思い出に写真立てを作った

保育者の考察
・今回の取り組みを通して小さい人達は、発見する楽しさ、不思議に思ったことを試してみる探究心など、様々なことを学ぶことができた。
・興味のあることから遊びを膨らませ、遊びのなかから視覚、触覚、味覚とたくさんの刺激を受けたことが、小さい人達の興味・意欲へつながっていったのではないかと思う。
・てんとう虫の電車作りから始まり、船作り・色混ぜ遊び・ジュースを混ぜる実験、船の上でのパーティーごっこなど、様々な方向に活動を広げながら、どの子どもも楽しみながら最後まで取り組むことができた。
・「5歳児が遊びを先導し、4歳児がそれを膨らませ、3歳児がその姿を真似して、さらに遊びが豊かになる」というように、異年齢保育のよさがたくさん見える活動となった。

- 「今日は何をしようかな？」とか「昨日の続きをして遊ぼう！」など、小さい人達が毎朝、この活動を楽しみにして登園してくる様子が見られた。そして、「私が『やりたい』って言ったことを、みんなと相談して作ったよ」とか「僕がやりたかったものをみんなで協力して作ったんだ」などの声が日に日に聞かれるようになった。
- 小さい人達の意見、提案などが、生活のなかの言葉から生まれ、年長、年少など年齢に関係なく、どの人の発言も「それいいね」とか「やってみようか」と友達同士が認め合うなかで、みんなが主役になれる活動になったのではないかと思う。
- 小さい人達の言葉からすべてがスタートする活動だったので、誰もが毎日意欲的に取り組み、思い切り楽しんで達成感を味わうことができたと思う。
- 今回の活動で経験したことが、小さい人達の内に根付き、これからも様々なことに興味をもち、考え、試していってほしいと思う。

5 ドキュメンテーション活用に関する学び（2）

子ども主体の活動を促すツール

　2年目の試行的実践では、子ども達のなかから生まれた小さな活動をつなぎ、次第にクラス全体の活動に育てていくことをめざして取り組んだことがうかがえます。保育者は、ドキュメンテーションを作成しながら、子どもの声を聞き取ることに努め、彼らの好奇心やアイディア、願いを受け止め、それを活かしながら保育実践を作ることをめざしました。

　その結果、担任保育者が考察しているように、子どもの興味から遊びを膨らませ、その遊びのなかで子ども達は、発見する楽しさ、不思議に思ったことを試すといった体験をして、興味や意欲が一段とかき立てられていったように思います。

　それは、保育者がドキュメンテーションの作成を意識し、以前よりも子ども

第2章 試行的実践から見えてきたこと— 新しい目で子どもや保育を見るために　155

の声に耳を傾けるようになり、子どもの柔軟な思考力や発想の豊かさに気付いて、それを実践につなげた結果だと言えます。

　実際、本事例の活動の展開点では、子どもの言葉や会話がきっかけとなっています。子どもの声を活かすことが、子どもの主体的な活動や子ども相互の関わりを促進していることがうかがわれます。

　わが国の「保育所保育指針」では、「保育所の保育は、子どもが現在を良く生き、望ましい未来をつくり出す力の基礎を培う」ことを目標に掲げ、保育の方法として「子どもが自発的、意欲的に関われるような環境を構成し、子どもの主体的な活動や子ども相互の関わりを大切にすること」を挙げています[2]。この目標を具体的にどのように達成していくか、また、その実践における質の向上を図るためにはどのようなことをしていくべきなのでしょうか。ドキュメンテーションの活用は、このような要請に応える一つのツールであると思います。

　ここで紹介した事例を25枚のスライドに要約したドキュメンテーション（英語訳）を読んだウェンズビィさんも、子ども達の主体的な活動の姿を認め、次のようなコメントを寄せてくれました。

Ⅰ期の活動について——「みんなが入れる船を作るよ」という言葉は、思いやりと友好のサインであり、団結心が感じられ、クラスの子ども同士の関係がよいことを感じました。

　壊れない船を作るにはどうしたらよいかを話し合う場面では、保育者が直接解決策を提案しないで、子ども達自身で考えさせているところがよいと思います。問題を解決することは、みんなが集まって、意見を出し合い、何をしようかと話し合うことであり、それが民主的なやり方と言えます。

Ⅱ期の活動について——色を混ぜることは、絵の具という材料に馴染み、それを理解する経験であり、技術的にも簡単で、楽しく、刺激的な活動です。保育者は「何色になると思う？」という子どもの素朴な質問に沿うことによって、子どもの論理を見いだすことができます。

---

[2]　厚生労働省告示第141号『保育所保育指針＜平成20年告示＞』フレーベル館、2008年、5〜6ページ。

156　第Ⅱ部　日本の保育園でのドキュメンテーション活用の試み

　子ども達が、自ら作った色に名前を付けるということは詩的で、子どもらしい感性が発揮されています。保育者が子どもと一緒に新しい色の名前を作ることを楽しんでいるところがよいと思います。また、色混ぜ表を作って掲示したことは大変よい方法で、子どもが子どもに教えるという協同的な学びになっています。

Ⅲ期の活動について——船の最終モデルを決める前に、各自が絵やブロックなどでモデルを作って色々なアイディアを提案したことは興味深いです。また、窓を作るグループ、舵を作るグループ、旗竿と旗を作るグループ、テーブルとテーブルセッティングのグループなど、複数の小さなグループが並行して活動することは、それぞれの関心に応じて参加できるよい方法です。

　船の細かな部分を異なる材料と技術を使って作ることにより、子ども達は船についてより多くのことを学んだはずです。

活動の主題や枠組みを定める

　2年目の試みで得た最も重要な課題は、前述した子どもの主体的な活動を方向づける保育者の役割についてです。

　紹介した事例では、子どもの興味・関心を出発点とした活動をつなげていくうちに活動内容が広がり、振り返ってみると、船作りが途中から色混ぜ遊びへと移っています。子ども達の旺盛な好奇心や探究心は、保育者の予測を超えて自由に飛び回り、「どこまで子どもの声を聞き入れてよいのだろう。子どもの言いなりになってしまうのではないか」と、保育者が迷うことも多かったようです。この点について、ウェンズビィさんは次のように述べています。

　「子どもの興味、関心に従いすぎると、（最悪の場合には）保育者が教育的な仕事をせずに終わってしまう危険性があります。保育者は、活動の主題に関する知識をもつことが必要で、その枠組みのなかで子ども達の興味や関心に従うことが大切となります。そして、子ども達が立ち止まった時、援助が必要か、質問をしたり、新たな挑戦を促す必要があるのかを見極めることが肝要です。枠組みから外れた興味や関心は、あくまでもその他の活動として扱うべきなのです」

第2章　試行的実践から見えてきたこと──新しい目で子どもや保育を見るために　157

　では、ここで言う「枠組み」とは何でしょうか。手引き書では、この枠組みの一つとして、「就学前学校カリキュラム（Lpfö98）」を挙げています。先に説明したように、これは日本の「幼稚園教育要領」や「保育所保育指針」に相当するものですが、法的拘束力はわが国より強い位置づけとなっています。そして、その第2章の「目標と指針」には30の目標が掲げられており、「保育者は、子ども達の活動がどの目標に関連するのかを考えなければならない」とされています。

　また、スウェーデンの手引き書では、「教育的ドキュメンテーションは、探究的アプローチ（utforskande arbetssätt）にリンクする作業方法である」と述べています。探究的アプローチとは、子どもの好奇心や探究心に焦点を当て、子どもが探究的な活動を通して知識を創造することを援助する方法です。保育者は子どもの「知識の共同構築者」として位置づけられており、それぞれの子どものアイディアやアプローチの違いを利用して、色々な考え方ややり方を子どもと一緒に探究することが期待されています。

　これに対して日本の枠組みを考えてみますと、まずは「保育所保育指針」、またはそれに基づいた各園の保育計画を挙げることができます。ただし、日本の保育の目標やねらいはスウェーデンのそれとは必ずしも同じではありませんので、活動の焦点や枠組みの定め方に違いが認められます。

　生活や遊びを通しての総合的な保育をめざす日本では、「子どもにとっての遊びは、遊ぶこと自体が目的であり、子どもは時が経つのも忘れ、心や体を動かして夢中になって遊び、充実感を味わうこと」を重視しています。言い換えれば、「何よりも今を十分に楽しんで遊ぶことが重要」であり、「その満足感や達成感、時には疑問や葛藤が子どもの成長を促し、更に自発的に身の周りの環境に関わろうとする意欲や態度を育てる」ことを重視しているということです。そして、その結果、「子どもは遊びを通して、思考力や想像力を養い、友達と協力することや環境への関わり方などを体得していく」のだという考え方が基盤となっています[3]。

---

[3]　厚生労働省雇用均等・児童家庭局保育課『保育所保育指針解説書』フレーベル館、2008年、17〜18ページ。

158　第Ⅱ部　日本の保育園でのドキュメンテーション活用の試み

　このような保育観は、子どもが何をどのような方法で探究しようとしているのか、それはどのような知識に関連しているのかということに焦点を当てるスウェーデンとは微妙に異なるものです。この違いをふまえて、紹介した事例の活動の焦点が移り変わることに対するウェンズビィさんのコメントを見てみましょう。

「（Ⅱ期の）活動は、船作りから色混ぜや色について知ることへと移ったわけですが、ここで保育者が、このまま色について探究する活動を続けるという選択も可能でしょう。その場合は、主題をさらに深める方向に援助する必要があります。例えば、絵の具店に行って調べてみるのもいいでしょう。子ども達に、新しい疑問や挑戦が生まれてくることになると思います」

　ウェンズビィさんのコメントは、やはり子ども達の探究的な活動を発展させ、深め、色についてさらに新しい発見や挑戦をしていくという観点に立っています。また、そのためには活動の焦点や枠組みを明確にすることが必要であるので、ドキュメンテーションや子どもの作品を一定の場所に掲示すること（ドキュメンテーション・ウォール）をすすめています。

「ドキュメンテーション・ウォールを見ると、活動のプロセスや子ども達が何に興味をもっているかが理解できます。プロジェクト全体を見ることで、新たなイメージもわくことでしょう。ドキュメンテーション・ウォールは、時間の経過とともに発展し、活動のプロセスを分かりやすく示し、焦点を明確にするのです。そして、より多くの子どもや大人達の関心を引き出します！」

　紹介した事例でも、遠足に関するお便りや色混ぜ表を掲示したことが子ども達の関心を引き、次の活動への提案を引き出しています。ですから、ドキュメンテーション・ウォールの有用性を理解することができます。しかし、活動の焦点、枠組みをどのように定めるのかという課題は残されたままです。2019年度から実施される保育指針や教育要領等には、共通して「幼児教育において育みたい資質・援助」が謳われ、子どもの自発的な活動としての遊びの重要性を継承しつつ、小学校以降の「主体的・対話的で深い学び」につながる保育をめ

ざすことが示されました。このような動向をふまえるならば、今後の重要な課題であると思われます。

探究的な活動を深めるために

　仮に、あかつき保育園において探究的な活動に焦点を当てて深めていくとしたら、保育者はどんなことを考えたらよいでしょうか。Ⅲ期の船作りの場面における保育者の援助について、ウェンズビィさんは次のように述べています。「ある日、すべての子ども達が絵を描いたり、ブロックなどで各自の船のモデルを作っています。そして、その翌日には、1隻の船の共同制作を開始しています。しかし、これはあまりにも速く進みすぎています。この間には、以下の要素が欠如しているのではないでしょうか。

　　・船をどんな形にするかを話し合い、みんなで一つのデザインを選ぶこと。
　　・どんな船をデザインするか、詳細を本、写真、インターネットなどで調べること。
　　・できれば、船を見学するとよい。そうすれば、誰もが船を直接に経験することができる。
　　・色々なデザインや子どもが作ったものを参考に、船の各部分の詳細を話し合い、新しいモデルにまとめる。
　　・どんな材料が必要かを考える。
　　・最初に何から作り始めるかを決める。
　　・船をどこに置くかを決める（片づけずに置いておく場所）。

　これらのことをどのように決めていくかは、子どもが民主的なプロセスを経験するという意味において重要となります。できるだけ話し合いの機会をもち、意見を交換することが大切です。また、そのプロセスで子ども達と一緒にドキュメンテーションを作ることです。
　それから、活動のあとで子ども達と保育者で振り返りをすることを勧めたいと思います。ドキュメンテーションを参考に、今の活動を続けるのか、少し新たなことにシフトするのか、というように次のステップを決めるためです。

160　第Ⅱ部　日本の保育園でのドキュメンテーション活用の試み

保育者は概して、早く次のステップに移りたがる傾向がありますが、子ども
は現在の活動に集中し、夢中で取り組んでいる限り、それを終わりにすること
ができないのです。『先に進めることを急がせ過ぎてはいけない！』というこ
とです」

6 日本なりの活用をめざす

　日本の保育園でのドキュメンテーション活用の試みはまだ始まったばかりで
すが、実践的な研究を積み重ねることの重要性を痛感しています。特に、ドキ
ュメンテーションを資料として活動をつないでいく際には、保育の目標やねら
いとの関連性をより明確にしていく必要があると感じます。

　いずれにしても、日本には日本独特の社会状況や歴史、文化に根差した保育
実践があるわけですから、スウェーデンの方法を真似するだけでは意味があり
ません。ドキュメンテーションが保育のプロセスを見えやすくし、それを有効
に活用することが実践の改善につながることが実感できましたので、日本なり
の活用方法をさらに検討していきたいものです。

　最後に、ウェンズビィさんからのメッセージを紹介しておきます。
「日本の保育者が初めて挑戦したドキュメンテーションは大変興味深かったで
す。これからも、是非、続けてほしいと思っています。

　手引き書『就学前学校におけるフォローアップ・評価・発展——教育的ドキ
ュメンテーション』の著者であるアンナ・パルマー（Anna Palmer）は、教育
的ドキュメンテーションは『保育活動の評価に活かすことができる』と述べて
います。保育者は、子どもと保育者がどのように活動しているのか、教材がど
のように使われているのか、活動がどのように組織されているのか、保育者は
何を発展させる必要があるのかを見つけることができるのです。

　また彼女は、『教育的ドキュメンテーションは、子ども達についてではなく、
子ども達と一緒に行わなければならない』とも述べています。子ども達ととも
にドキュメンテーションを活用する方法を学び、それがクラスのどの子どもに
とっても有意義な資料となるように活かしてほしいと思います」

教育的ドキュメンテーションで保育が変わる

(大生幼児園保育士、岡田泰枝)

1 ドキュメンテーションの取り組みに向けて

　以前、私は民間の保育所に勤務していたのですが、その時、どのようにしたら保育者が子どもを見る眼を培うことができるのかとか、その眼をより優れたものにしていくことができるのだろうか、ということを考えていました。

　子どもを見る眼というのは、子ども一人ひとりについて理解を深めて、どのように保育援助を行えば子どものより良い発達を促すことができるのかについて考えられる眼差しのことです。この眼は、経験を積めば自然と身に付くというものでもありませんし、クラス運営がうまくできている保育者には備わっているものとも言い切ることはできません。

　また、就学前の子ども達は、主体的に周りの環境と関わるなかで多くのことを学んでいくわけですが、その大部分は目に見えないものである場合が多いものです。見えづらいけれども存在するという子ども達の学びを、どうしたら多くの人に伝えて共有することができるのかということも考えてきました。

　大学に着任後、白石教授よりスウェーデンにおいて取り組まれている教育的ドキュメンテーションについて学ぶという機会を得ました。すでに述べられているように、スウェーデンでは21世紀が始まる前に、伝統的なテーマ活動（プロジェクト活動）においてドキュメンテーションの活用が奨励されるようになっています。

　また、2010年に改訂された「就学前学校カリキュラム」（1998年制定）においては、ドキュメンテーションの作成によって保育の振り返りと評価を行い、発展させていくということが明記されるようになっていました。レッジョ・エ

162　第Ⅱ部　日本の保育園でのドキュメンテーション活用の試み

ミリア市での実践をもとに、自国の伝統的な幼児教育のあり方とうまくドッキングさせながら、教育的ドキュメンテーションを用いて質の高い幼児教育の実践を模索しているのです。

さらに、スウェーデン学校庁が発行したドキュメンテーションの手引き書（前章参照）の存在からも、国全体でドキュメンテーションによって幼児教育の質を高めようとしていることが分かります。

ところで、幼児教育の場において、「プロジェクト活動」という言葉が聞かれるようになって久しいわけですが、一つのテーマに基づいて子ども達が主体的な活動を展開するなかで学びを深め合うというこの方法を、スウェーデンの就学前学校では教育的ドキュメンテーションの方法を活用しながら取り入れています。

日本でも、幼児期の子ども達に必要な経験として「協同的な学び」が挙げられていますが、これは、一つの課題に子ども達の興味や関心を土台としながら取り組み、解決策を見いだすなかで育まれている部分も大きいのです。この協同的な学びを日々の保育のなかで得るために、プロジェクト活動を実践することができれば理想であるとも考えるようになりました。

実際にスウェーデンの就学前学校を訪れたり、スウェーデンの就学前学校の保育者の講演などを聴いたりするなかで、スウェーデンにおけるプロジェクト活動への取り組みや教育的ドキュメンテーションの考え方から、子ども達の協同的な学びを得られる保育実践、さらには子どもを見る眼を培うヒントが得られるのではないかと考えるようになりました。そこで、実際に保育園において、教育的ドキュメンテーションをもとにしたプロジェクト活動に取り組んでみることにしました。

2　1年目の試み

2014年4月、私のかつての勤務先であった大生幼児園において、教育的ドキュメンテーションの取り組みをスタートさせました。大生幼児園は名古屋市南区にある保育所（2017年度から幼保連携型認定こども園として運営）で、生後

第3章　教育的ドキュメンテーションで保育が変わる　163

57日から6歳の子ども達が合わせて170名在籍しており、0歳児1クラス、1歳児3クラス、2歳児2クラス、3歳児2クラス、4、5歳児各1クラスずつというクラス構成になっています。担任となる保育士は、各クラスとも0〜1歳児は3人ずつ、2歳児は2人ずつ、3〜5歳児は1人[1]配置されています。

　保育の内容としては、慣習的に毎月なにかしらの行事があることが特徴となっています。また、保護者のニーズに合わせて、保育時間内に体操教室、英語教室、水泳教室、リズム教室などもあり、一斉保育の形態が中心となっています。どちらかと言うと、プロジェクト活動に取り組むということからは少し遠いところにあったと言ってもよいでしょう。

　まずは、スウェーデンの教育的ドキュメンテーションの理念や方法について簡単な勉強会を行ったあと、写真を撮り、ドキュメンテーションを作成するところから始めることになりました。また、各担任が作成したドキュメンテーションを月に1回行う研修会議に持ち寄り、検討することにしました。具体的な方法は以下の通りです。

- ・担任が好きな時に記録を取れるように、各クラスに1台スマートフォンを配布する。
- ・全保育者が自分の撮った写真と記録、それらに対する考察をまとめたものをA4サイズで作成（Pagesで作成）し、毎月1回行う研修会議にて報告する。そして、ほかの職員から報告内容について意見を求める。

　4月の当初、とにかく写真を撮るといっても、それまでの保育においては写真を撮るという習慣があまりなかったため、ほぼ毎日写真や記録を取っている保育者もいれば、撮る日をあらかじめ決めている保育者がいたりと様々でした。写真を撮らねばと、半ば義務的に撮っている保育者が多かったと言えます。

　それに、アプリを使いこなすことにも慣れていなかったため、撮った写真をA4用紙に糊で貼り付け、そこに手書きで保育の様子を説明したり、子ども達のつぶやきを書き加えたりなどして作成していました。

---

(1)　年度のクラス状況に応じて、補助として非常勤職員が加配されることもある。

164　第Ⅱ部　日本の保育園でのドキュメンテーション活用の試み

　始めた当初は、とにかく写真を撮ってみようということで、特に視点を定めるとか、テーマを決めるといったことはしませんでした。乳児クラスは、その都度自分の気になる子どもの育ちを記録する人もいれば、毎月、子ども達の成長を追いながら記録をするといった人もいました。

　幼児クラスでは、子ども達の遊びのなかで、自分が気付いた子どもならではのやり取りや、子ども達の関わりのなかから感じ取った成長を記録するといったパターンが多かったと言えます。以下に示すのは、3歳児クラスのドキュメンテーションの内容です。

貼り付けた写真に手書きでコメントが加えられた
4月のドキュメンテーション

　土と水を混ぜたところで始まった子ども達（3歳児）のお絵描きの姿からの保育者の考察として、「お絵描きを楽しんでいました。絵の具を使った経験があったからこその発想だと思います」と書かれています。

6月のドキュメンテーション

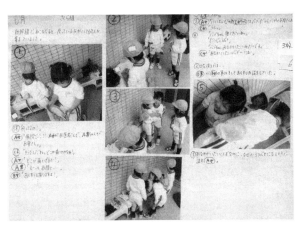

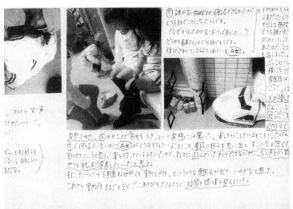

　まだ手書きではありますが、写真も増え、子どものやり取りや様子の記述が増えています。考察に、「人が増えた時に『誰がお医者さん？』などと声をかけたりして、遊びに入っていったらよかった。今回はどこまで発展していくのか見守ってみた。普段の様子を思い出し、すごいなと感じた。少し声をかけたら、病院と薬も使ったやり取りもより発展していったと思う。時間と環境を整えていく」とあり、保育者自身の保育に対する振り返りが表出している様子が見られます。

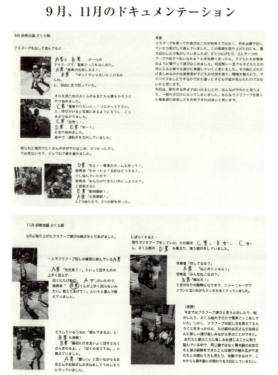

　この頃には、Pagesでの文章作成も可能になりました。どちらもフラフープを使った子どもの遊びを記録しています。
「何気ない一言でも子どもたちの耳に入ると様々な遊びに発展していくと思いました。その後にどれだけ楽しめるかは保育者が子どもの状況を見て、環境を整えたり、アドバイスしたりするかでまた違った子どもの姿が見られたのではないかと思います（9月）」
「友達と遊ぶことに楽しみを感じることに取り組んでいる中で、同じ歳ではなく異年齢のお友達と遊ぶ経験ができたことは遊びの幅も広がり友達との関わり方も見たり、体験できるので、これからも異年齢の関わりを大切にしていきたい（11月）」
　といった考察から、遊びの変化から見られる子どもの育ちや保育者の役割について継続して考察している様子が分かります。

一方、次に示すのは1歳児クラスのドキュメンテーションとその内容です。4月の段階では1歳9か月だった子どもですが、翌月には行動様式が少し高まり、2歳4か月となった11月には表現が豊かになったことが記されています。と同時に、保育者のコメントが手書きだったものから印刷されたものに変わっています。

4月のドキュメンテーション

　一人の男児が少しずつ保育者に慣れる様子を1週間ごとに詳細に追っています。
「慣れるには時間がかかりそうで保育者との信頼関係は薄い。不安で泣きながらも自分以外の他児の様子を見て何かを感じているよう。(1週目) 少しずつ慣れてきた様子。室内の探索活動も見られる。自分のペースで保育環境を観察しどう過ごすか考えているよう。(2週目) 母を恋しがり裸足で駆け出すも、一人で飛び出しては危険だと保育者が伝えると考えている様子。保育室内で楽しく過ごせる気分が紛れるものを作りたい。(3週目) 靴の袋を数分手放しても遊べるように。遊びに夢中になると他児が使っていたものを取ってしまうこともあり、自分を表し始めているよう。(4週目)」と、考察されています。

5月、11月のドキュメンテーション

　4月のドキュメンテーションで追った男児のその後の様子が記録されています。
「受け入れ時に保育者が笑顔で手を伸ばすと、本児も手を伸ばし来るようになった。午睡時も手放せなかった靴はその都度ごとの保育者の言葉がけに納得し手放すように。(5月) 保育者や他児とのやりとりを楽しそうにできるように。遊びのイメージを持って表現したり他児とイメージを共有する姿も (11月)」
　という考察から、保育者と男児が信頼関係を築き、少しずつ園生活に慣れ自分らしさを出せるようになっていく姿をしっかりと見つめていることが分かります。

3歳児クラスのように、ドキュメンテーションの作成を重ねていくごとに保育者の視点が定まり、保育の場面において、子どもの学びや育ちを「ひろう」という明確な視点をもって子ども達の姿を捉えることができるようになってきました。また、1歳児クラスのように、一人の子どもの姿を追い続けることで、その子どもの成長を深く理解できるようにもなっています。

保育者は、ドキュメンテーションによって子ども達の姿をどのようにして次の保育実践につなげていくのかと考えることができましたし、個々の育ちに寄り添い、一人ひとりに対して明確に保育の見通しをもてるようにもなってきたと言えます。

一方、ドキュメンテーションの作成については、ある程度の成果が見えたものの、それを活かしてのプロジェクト活動の展開にまでは至りませんでした。また、研修会議ではドキュメンテーションから事例検討の話し合いに終始したクラスもあり、ドキュメンテーションの分析までは至らなかったため、次年度の課題として、プロジェクト活動への展開と、可能であれば話し合いの際にドキュメンテーション分析の視点について検討し、それを通して保育の質の評価につなげるということを挙げました。

3 少しずつの変化

2015年度も、前年度同様の方法でドキュメンテーションの作成に取り組みました。保育者はアプリの「Pages」の利用にも慣れてきて、前年度よりもスムーズに作成できるようになってきたようです。また、記録した子ども達の姿から、次の保育への見通しをもつことも行えるようになってきました。

以下では、3歳児クラスのドキュメンテーションの保育者による考察を紹介していきます。6月のドキュメンテーションでは、クラスの子ども達がままごとに使うオモチャを作ろうと言い、作り始めた姿が記録されています。それについて保育者は、次のように考察しています。

「おままごと遊びからそこで使うおもちゃを作ることへと発展した。みんなで作り、自分で作ることの楽しさや自分で作ったから大切にしようとする気持ち

170　第Ⅱ部　日本の保育園でのドキュメンテーション活用の試み

を感じてもらいたかった。今後も足りないものを子ども自身で気づくことを大切に、保育者が準備をして子どもたちと一緒に取り組んでいきたい」

　子ども達の姿から、次の保育者の働きかけについて、環境構成も含め考えていることがうかがえます。そして、7月には、このおままごとがお店屋さんごっこに展開し、続いている様子が分かります。

「自分たちが使う財布を作りたいという子どもたちの言葉から、財布づくりになった。まわりの友達と見せ合いながら自分の財布に好きな絵をかいたり、色を塗ったりして満足そうに自慢し合っていた。この遊びから、色を塗ったり絵をかく楽しさを知ると同時に、自分の選択や行動に自信を持つことを大切にしていきたい」

　保育者は一つの遊びから得られる子ども達の学びを想定し、そこから次の保育への見通しを立てています。お買いものごっこは女児が中心で進められ、男児の参加が少なかったのですが、9月になると男児の一言で病院ごっこが始まりました。

「一つの遊びから違う遊びに発展するきっかけになることに気付いた。また子どもの一言から保育者が環境構成をどのように行うかで子どもたちの育つ姿も変わり、環境構成の大切さに改めて気付いた。男の子の参加も多かったため、今後もまだまだ発展できるようにしたい」

　上記のように保育者は考察していました。環境構成によって子ども達の遊びがうまく展開させられ、そこで子どもの育つ姿が変わるたびにドキュメンテーションを作成し、自身の保育を深く省察するなかでその重要性に気付いているわけです。

　保育者は、ドキュメンテーションの作成を通して、子どもの視点を追いながら自らの保育内容を振り返っていることが分かります。自分の思いはもちろんのこと、この時子ども達はどのように考えていたのか、ほかにできることが自分になかったのか、もしくはすべきだったのかなど、ドキュメンテーションを見返すことで改めて考察している姿がうかがえます。また、研修会議の場でほかの保育者の考えを聞くことになりますので、自分とは異なる新たな視点で保育を振り返っていくことも可能となります。

第3章　教育的ドキュメンテーションで保育が変わる　171

　この年には、ドキュメンテーションの作成についてどのように感じているのかについても調査しました。対象としたのは、大生幼児園で担任をもっている16名の保育者です。

Q：作成にどのくらいの時間を要するのか？
　・１〜２時間ほど（機器の操作に不慣れのため３時間かかるという回答もあった）。

Q：作成にかかる手間にはどのようなことを感じているか？
　・行事前はなかなか写真が撮れない。
　・「今だ！」という時に写真を撮り損なうことがある。
　・大変だと感じる時ほど子どもと十分に関われていないことがあるので、もっと関わる時間を取ろうとしたり、子どものことを考えようと思った。保育の反省につながっている。
　・特に０歳児は、前日できなかったことが突然できるようになったりするので、その日のことはその日に記録することが必要であり、取り組むべきだと思っている。手間と感じることはない。

Q：作成の際、どのようなことに留意したのか？
　・一人ひとりの子ども達の姿を見つつ、クラス全体の様子が伝わるように。
　・子ども達の現在の姿はどのような状況か、次にどうなることを願うのか、そのために、自身はどのように働き掛けることが必要かを考える。
　・子どもの自然な行動や発した言葉を捉えるようにしている。その年齢ならではの姿を大切にしている。考察時に別の関わり方もあったのでは、と考えるようにしている。
　・誰が見ても分かるように努めている。

Q：作成により、自身の保育に活かされることはあったのか？
　・改めて、自分の保育を客観的に振り返ることができる。今後どうしていくべきかが確認でき、次の保育に役立つ。
　・子どもの姿、学びを捉えようと意識して保育するようになった。
　・文章化することにより、今の状態が見えることもある。記録することの大

切さを改めて感じた。

・資料にすることで、目で見て子ども達の成長が把握できる。

・ほかの保育者の意見を聞くことで、自分が見えていなかったことや次の課
　題に気付くことができ、とても役立っている。

（ただし、「継続的に写真を撮ることが難しい」という意見が多数あった）

本来、ドキュメンテーションには次の四つの目的があります。

❶保育者の実践の検討と次の発展のため。

❷保護者とともに子ども理解を深めるため。

❸子どもが自分自身や自分達の遊びを振り返り、肯定的な自己像をもつため。

❹保育の質の評価に関わる子どもの学びや進歩についての情報として[2]。

　保育者の回答から、２年をかけて❶の目的は果たされたと言えます。また、３歳未満児クラスについては、個々の成長を記録したドキュメンテーションになっているため、より深く個々の育ちに寄り添い、一人ひとりに対して明確に保育の見通しをもてるようになってきたことも成果として挙げられるでしょう。

　しかし、ドキュメンテーションの作成を通してのプロジェクト活動を展開するまでには至っておらず、課題として残ったままです。また、子ども達にドキュメンテーションを返すことや保護者と共有するということができていないので、こちらのほうも課題となりました。

　さらに、３歳未満児のクラスでは、視点を定めず個々の記録を残していくスタンスよりも、何か一つテーマを決め、そのテーマに沿った子どもの姿を記録するという形態に変えたほうがより深い保育者の子ども理解につながるのではないかとも考えられます。言うまでもなく、このことへの検討も課題となりました。

4　子どもの学びをひろいつなげる

　2015年度末に行ったアンケート調査で、ドキュメンテーションの保育への有

用性を保育者自身感じていることや、作成にそれほど手間を感じなくなってきたことが分かったため、2016年度はいよいよドキュメンテーションを活かしたプロジェクト活動に取り組むことを目標に掲げました。

5歳児クラスでの取り組みをめざすことにしましたが、まずは国内のプロジェクト活動による保育実践の事例をいくつか学び、保育者間でプロジェクト活動について共通に理解することから始めました。

テーマを見つける

4、5月は子ども達の様子を見て、何に興味や関心をもっていて、取り組めそうなテーマになりうるかを探る期間としました。言うまでもなく担任は、1年を通して子ども達自身が意見を出し合いながら遊びを進めたり、物事を創り出したり、表現し合ったりする喜びを感じられるように育ってほしいと願っていました。

4月のある日、子ども達の自由遊びの時間を観察するなかで、塗り絵を切り抜き、人形を作り、劇遊びをする女児の姿を見つけました。その女児は、廊下のガラス窓から部屋に向かって演じることを思いつき、それ自体を楽しんでいました。やがて、「先生見てて」と見せることを楽しむようになり、保育者が見ていると、ほかの子どもも「お客さん」として参加するようになりました。しかし、場所が廊下と部屋の中ということもあって、声が聞こえづらく、みんなでどうしようかと考えていると、一人の男児が机に隠れて演じることを提案しました。

当初、子ども達は塗り絵が好きで、ペープサート（紙人形など）を作って演じることを楽しんでいると保育者は理解していましたが、どのような声掛けをしたら遊びが広がるのかについてはよく分かっていなかったのです。また、子ども達自身に考えて進めてほしいという気持ちが強かったため、うまく声掛けや環境設定をすることがなかなかできず、あまり写真も撮れていませんでした。

保育者間の話し合いにおいて、人形劇遊びが持続するように環境を整えるこ

---

(2) C.エドワーズ／L.ガンディーニ／G.フォアマン編／佐藤学・森眞理・塚田美紀訳『子どもたちの100の言葉』世織書房、2001年、55〜57ページ参照。

174　第Ⅱ部　日本の保育園でのドキュメンテーション活用の試み

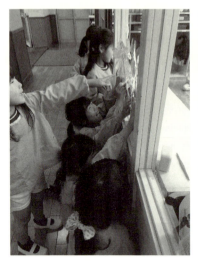

（左）塗り絵を切り抜いて作成したペープサートで人形劇を始めた子ども達
（右）自分達で作成したペープサートをもとに、話し合いをする子ども達

とが提案されました。また、子ども達の思い描きそうな発想をいくつか想定して、それを実現するために必要なものを目に付くところに置くことにしました。

　5月の後半になり、自由に使える紙や折り紙を保育室内に用意しておくと、自分達で絵を描き、机の前に椅子を置き、紙に棒を貼り（割りばしではなく、自ら紙で作ったもの）、お話を演じる姿が女児だけでなく男児にも見られるようになってきました。

　興味をもった男児女児の何人かで、映画館ごっこが始まりました。初めは、恐竜の話、アイカツ（アニメ）の話、お化けの話など、好きな話を気の合う子どもと一緒に演じ、それぞれがお客さんの役をしたり、自分が作りたいものを好きなように作るというスタンスでした。

　劇も、特にこれといった目的がなく、それぞれが作ったものを持ち寄り、思い付いたことをみんなが言うために長くなったり短くなったりしていましたが、この時点での子ども達は、劇を作って、演じることに満足している様子でした。

　お話を作って、演じることが好きな子ども達の姿から、プロジェクト活動のテーマを「作って演じる」と決めて、進めていくことにしました。

活動の発展

　5月のある日、一人の女児がリンゴを作って劇遊びのなかに入ろうとしましたが、ほかの子どもに「リンゴはいらない」と言われて泣いていました。別の子どもがリンゴの理由を聞くと、この女児は白雪姫がやりたいということでした。演じている子ども達にこの話をすると、その場にいたみんなが「いいよ」と受け入れ、みんなで白雪姫のペープサートが始まりました。ここから、子ども達の活動目的が、白雪姫というお話をみんなで作って、見てもらうというように少しずつ変わり始めます。

　保育者は、子ども達の活動がさらに深まるように、環境構成として白雪姫の絵本を読み聞かせたり、保育室の中に置いたりもしました。さらに、お話をより楽しむためには効果音やBGMもあることを伝えようと思い、白雪姫のカセットや紙芝居を聞かせたりもしています。

　子ども達は保育者のサポートを受けて、話し合って役割分担をするようになりました。絵を描く人、お話を考える人、ナレーターをする人、ペープサートを動かす人と、それぞれの役割を遂行しながら遊びを進めていく姿が見られるようになったのです。また、「エンディングには歌があるといいんじゃない」という声が上がり、最後に『にじ』という歌を入れたりする姿も見られました。

　初めは話し合いながら即興で物語を進めていたわけですが、絵本を見たことで、紙に台本を書くという子どもの姿も見られるようになっています。

　さらに、子ども達の活動を発展させるための環境構成について保育者同士が話し合いをしています。例えば、劇遊びを見せるための場として劇場を想定してみましたが、どうやら子ども達には、劇場というところはあまり馴染みがなさそうです。映画館であれば行ったことのある子どもがおり、「イメージを膨らませやすいのでは」という意見が出て、映画館を連想しやすいように、幕に使えそうな余り布を保育室に置いておくことにしました。

　すると、思った通り子ども達は映画館をイメージし、劇を上演するために必要なものを揃えていくようになったのです。例えば、トイレットペーパーの芯を用意しておくと、折り紙を張ったり色を塗ったりしてマイクを作り、それを持って話をする姿が見られました。

「ジュースには蓋がないとこぼれちゃう」と言って蓋を作る子ども

また、「映画館には、ポップコーンやジュースもあるね」と言う子どもの声から、保育者が白い紙コップ、透明な紙コップ、ストロー、カラーセロファンの折り紙、白い紙、色鉛筆やクレパス、糊、セロファンテープを自由に使えるように整えておくと、カラーセロファンを使ったり、折り紙をちぎったり、紙コップに色を塗ったりしながらジュースを作るという姿も見られました。

「映画館だと、コップに蓋がないとこぼれちゃうよ」という声も上がり、紙コップの上から紙を貼っている子ども、その姿を見て「どうやってやるの？」と尋ね、教えてもらいながら作るという子どもの姿も見られました。さらに、紙に色を塗ったり、折り紙をちぎってポップコーンを作る子どももいました。

やがて、「ジュースやポップコーンに何の味があるか分からないからメニュー作るね」と言って、ジュースやポップコーン作りをしている子どもに、「何味のジュースと、ポップコーンを作ったの？」と尋ねては絵と文字でメニューを書き、値段まで書くという姿が見られました。ちなみに、この時の値段はすべて100円でした。

「自動販売機から、ジュースが出てくるといいね」と言う子どものアイディアから、牛乳パックで簡単な自動販売機を作り、そこからジュースが買えるようにもなっていきました。すると次は、「お金がないと買えないね」という意見が出て、お金を作る姿が見られたのです。この時のお金は、四角い紙に値段が書かれているだけのものでした。

ポップコーンやジュースが作れるようになると、今度は「お客さんを招待したい」という声が出てきました。しかし、お客さんを呼べるような準備ができ

ているわけではありません。

「お客さんに見てもらうのはいいね。でも、このままでお客さん呼べるのかな？」と保育者が声を掛けると、「これじゃあ呼べないよ。だって、部屋はぐちゃぐちゃだし、白雪姫の練習もしないと見せられないし、ジュースもきれいにしなくちゃいけないよ」という声が聞かれました。

それ以後、劇の練習をする子ども、ジュースやポップコーンの準備をする子ども、部屋の片づけをする子ども、椅子を並べる子ども、と役割分担をして、お客さんに見せるための準備を進める姿が見られました。

準備が整うと、「みんなを呼んでくるね」と別の場所で遊んでいた子ども達を呼びに行き、映画館ごっこが始まりました。映画館ごっこでは、お金を渡し、「このお金で好きなジュースとポップコーンを買ってください」と案内する子ども、ジュースやポップコーンを売る子ども、席を案内する子ども、劇の準備をする子どもといった具合に、役割分担をして取り組む姿が見られました。

保育者もお客さんとなって参加すると、なかにはしゃべっていたり、姿勢が悪かったり、ほかのことをしている観客の姿が見られたので、「映画館では、始まる前に何かあったような……」と投げ掛けてみました。すると、「約束の場面があったよ」と言って、「しゃべらないでください、足を上げないでください、写真を撮らないでください、携帯電話を使わないでください」と、約束事を伝える場面を作ることになったのです。このような約束事を、映画の上映前に流れる映像さながら紙に書いて、観客役に見せながら伝えるという姿が見られました。

このあたりから、演者と観客が明確に役割分担されるようになってきたと思います。また、保育者がお客さんとして気付いたことを子ども達に投げ掛けると、さらに考えてまた違うアイディアを出し、そこから遊びが展開していったのです。

観客役の子ども達も気付いたことを発言するようになり、「もう少し大きな声で話してください」とか「見えないから上に上げてください」などと伝えていました。それを受けた演者の子ども達が、「これで聞こえますか？」とか「この高さで見えますか？」と尋ね、自分達で考えながら意見を出し合い、楽しみながらみんなで活動を進めていました。

ジュースとポップコーンを買った子どもから順番に座っていく

　観客役のみんなが席に着くと、「今から白雪姫の劇を始めます。まだ席に座っていない子は席に座ってください」と声をかけ、「映画館での約束事を言います」と説明が始まりました。その確認が終わると、いよいよ白雪姫の劇がスタートです。
　劇は15分ほど続き、途中、ジュースやポップコーンを食べる真似をしながら、楽しみながら劇を観る子ども達の姿が見られました。エンディングには、みんなで『にじ』の歌を合唱する姿も見られ、クラスみんなで楽しんでいる様子がうかがえました。
　このように、クラス全員で「劇遊び」を楽しんでいる子ども達の思いが保育者に十分伝わってきたのです。

さらなる発展へ

　9月に入って映画館ごっこが再開されると、ジュースを作ったり、チケットを作ったりという姿が現れ始めました。ほかのクラスの子ども達の分までチケットを作り、必要な枚数の調査のために、鉛筆と紙を持って聞きに行くという姿も見られました。

第3章　教育的ドキュメンテーションで保育が変わる　179

7月のドキュメンテーション

　劇ごっこから映画館ごっこへと、子ども達の遊びが発展的に変化していく姿が記録されています。
「日常の経験が、遊びに生きていたり、子どもたちが、自分たちで考えていくには、保育者として、遊びに入り、遊びを誘導するのではなく、お客さんとして遊びに入り、困っているときに、必要に応じて、ヒントをあたえていくことの大切さと、難しさを実感しました」と、保育者は振り返っています。

子ども達は人数を聞きに行くという活動において、ほかのクラスに入る時には「失礼します」と言い、出る時には「失礼しました」というマナーを知ったほか、メモ用紙を持っていき、大切なことをそれに記載して忘れないようにするということを学んでいます。

その他、自動販売機を「ダンボールで作りたい」という声があり、自分達で気に入ったダンボールを見つけて、本格的な自動販売機を作る姿も見られました。この製作では、どのようにジュースが転がって出てくるのかと何度も試し、丁度よい高さを探し出すという姿が見られました。

自動販売機には「カードがあるよね」（IC カードなど、マネー機能を備えるカードのこと）と言ってはカードを作り、自動販売機の本体にカードをタッチする場所も作っていたことには驚きました。

自動販売機作りが始まった時のことです。自動販売機をよく使ったり見たりする子どもはイメージがわきやすく、カードで買えることも知っていましたが、普段あまり利用しない子どもはイメージがわかず、カードといっても理解できていないようだったので、みんなで近くにある自動販売機を見に行くことにしました。

実際に見に行くと、「ペットボトルが上においてあって、下が缶になってるね」とか「お金は、100円と、130円と、160円があるね」など、いろいろな気付きがありました。ここから、初めはすべて100円だったジュースの値段の決め方などに変化をもたせられないかと保育者で話し合い、簡単なお金の使い方の本などでお金についても知らせることにしています。

そして、10月頃から11月に開催される作品展に向けての取り組みを始めました。普段楽しんでいる映画館ごっこを保護者にも見てもらいたいという思いが保育者にあったので、子ども達に「作品展では、いつもみんながやってることを見てもらおうと思うんだけど何がいいかな？」と尋ねました。すると、「映画館ごっこがいい」「自動販売機も見せたい」「看板も作りたい」「いつも使っている自動販売機を見せたい」「ポスターがいるね」「チケットもかわいく作りたい」「お金も見てもらいたい」と、次々とアイディアが出されたのです。

そこで、「シアターはいつも白雪姫をやっているけど、作品展ではどうす

る？」と尋ねると、「前にまつ組さん（年長組のこと）が紙粘土でやってたやつがいい」と、昨年の年長児が紙粘土で思い出作りをし、展示していたこと覚えていた子どもから「やりたい！」という声が上がったため、個人展示物は「紙粘土の思い出製作」としました。

さらに、みんなで日頃取り組んでいるもの（つまり、みんなの思い出）として、映画館ごっこで使用しているものも展示することにしました。自動販売機、お金、チケットといったものは、グループごとに作ることになりました。

展示する段階では、実際の展示室となる遊戯室に移動し、レイアウトを子ども達とともに考えました。並べてみると、後ろのほうが見えないことが分かりました。事前の保育者間の話し合いで、「展示する際に高さを出したほうがよいことに気付く子どももいるはず」という意見が出ていたので、あらかじめ担任は、机、牛乳パック、ダンボールなどを展示室の片隅に置いておきました。

やはり、子ども達はそれらの存在に気付きました。「ここに机を置いて、その上に牛乳パックを置いたら段ができるよ。この上に置いたら、みんなのが見えるよ」と、人に見てもらいやすくするために自分達で高さを考え、展示の方法を考え出したのです。ちなみに作品は、階段状にした棚に少しずつずらして展示されました。その際、「背が高い作品は後ろに回そう」という意見も出ていました。

このころからドキュメンテーションを保育室の壁に貼り、子ども達と保護者に見えるようにしています。子ども達も保護者も、初めは貼り出されたドキュメンテーションを見て、自分に関係するものを一生懸命探していました。

最初は、「僕、あまり写っていないなあ」とか「うちの子どこにいますか？」という声が聞かれましたが、次第に、「この時○○したかった」「こんなことをしていたんだね」「A子ちゃんは本当にすごいなあ」などと眺めながらつぶやいたり、ドキュメンテーション内の様子に関心をもった子どもが、別の劇ごっこをする姿も見られるようになっています。

保護者からは、「ああ、このことを家に帰って話していたんですね」という声が聞かれたり、子どもから「遊びに使うものを持っていきたい」と言われ、家にあるものを提供してくれたりもしました。

182　第Ⅱ部　日本の保育園でのドキュメンテーション活用の試み

11月のドキュメンテーション

かざってみると、見えないものがあった。すると
「じゃあ小さいやつを下にしておおきいやつをうえにすれば見えるんじゃない」というふうぎの姿が見られた。

段が出来上がると本当に全員分のるか、数を数えた。全員分のせることができ、喜ぶ姿が見られた。

むんすは、「このに自動販売機を置いてよく見えるようにしよう。」と、自動販売機の見せ方まで、考えていた。

自動販売機作りでは、自動販売機チームになったむんす、りょうたろう、かずき、けいすけ、カエラが自動販売機の写真を見ながら「ここは赤で塗ってここはジュースをかざるから白にしとこう。」など、話をしながら色を塗る姿が見られた。

飾り方では、牛乳パックを四角くしたものを用意しておくと、むんすが、「先生これどうやってつくるの？これをぼたん押すところで使いたいんだけど。」と、作り方を聞きにきた。作り方をおしえると、作る姿が見られた。

みんなが作ったジュースを飾るときのこと、自動販売機チームに声をかけたが、トランプに夢中になり、やりたがらない姿が見られた。すると、うらら、まあい、りりあ、なりの、ひとな、かずきがやってきて、「やりたいなやっていい？」と聞くと、自動販売機チームは「いいよ。お願い」といってお願いする姿が見られた

早速ジュース貼りをした。
うらら「ジュースはおんなじのはかためよう。」といってかためてはることになった。

ジュースを貼り終わるとこんどは、値段決めになった。
うらら「ジュースは100円からにしよう。人気のあるやつは、高いのにしよう。先生どうやって高くすればいい？」
保育者「100えん、110えん120えんっていったらどう？本当の自動販売機もそうなってるよね。」
うらら、りの、りりあ、
「あーそっかわかったそうしよう。じゃあひとつのは、100えん、2つのは200えんね」

　見えやすい展示の仕方について試行錯誤している様子や、自動販売機のジュースの値段の決め方についてが記録されています。
「ジュースは100円からにしよう。人気のあるやつは、高いのにしよう。先生どうやって高くすればいい？」
「100えん、110えん、120えんってしていったらどう？　本当の自動販売機もそうなってるよね」
「あーそっか、わかったそうしよう。じゃあ一つの（売られている数が一つのもの）は、100えん、2つのは200えんね」
　と決めていました。保育者は「5、6月は全部100円だったのに、1種類のものから順番に値段を上げていく考え方は、よく考えたと思った。環境構成の大切さや、声かけの難しさ（どのタイミングで、声かけをしていくか等）を学ぶことができた」と考察のなかで振り返っています。

プロジェクト活動「映画館ごっこ」のクライマックス

　11月の後半ごろから、自分達でお話を作ったり、絵本や紙芝居を作る姿が見られるようになってきたのですが、その姿や子ども達の「作って見てもらいたい」という思いから、生活発表会では子ども達の作った創作劇をしたいという保育者の思いが生まれています。一人の子どもがお話を作って、みんなの前で発表した作品をビデオに撮ってあったので、改めてクラスのみんなに見せたところ、真剣に見入っていました。

　2月には生活発表会があることを伝え、何がやりたいかを聞いてみると、「おむすびころりんがいい」とか「オズの魔法使いがいい」など、知っているお話をもとにしたものがいいという声もありましたが、「自分達で考えたお話がいい」、なかでもビデオで見せた子どもオリジナルの「『まもるレストラン』というお話がいい」という声が多く、みんなで話を膨らませて発表することになりました。

　早速、クラス全体で考え始めたのですが、この課題は子ども達にとっても難問だったようで、すぐにはアイディアが出ませんでした。やがて、一部の子どもに、お話を紙に書いて保育者のところに持ってくる姿が見られるようになりました。誰かが内容を考えてくると、みんなの前で発表し、すぐにやりたい役に立候補し、演じたりする姿も出始めたのです。

　この時には、普段は意見が言えなかったり、それまであまり映画館ごっこには興味をもっていなかった子どもも手を上げ、遊びに参加する姿が見られるようになっています。

　担任は、役決めの際にもめるのではないかと心配し、保育者間の話し合いで役決めをどのようにすればいいのかと相談しています。オーディションという方法をとって、実際に演じてもらってみんなで決めてはどうかという案が出たため、担任がクラス全体に働き掛けたところ、「みんなで考えたものなのだからみんなで出たい、演じたい」という声が上がり、全員で少しずつ役割りの調整を行い、最終的にはみんなで出演することとしました（例年、年長児は演目を二つ設定し、どちらかに出演する形をとっていましたが、結局、どちらの演目にも全員が出演することとなりました）。

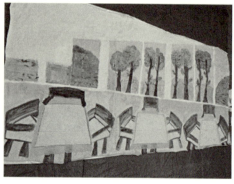

（左）背景を描く子ども達
（右）完成した背景

　劇の振り付けや歌、背景も見せ合いながら、自分達で考えていきました。背景作りの際、保育者が「先生はこんなのがいいなと思ったんだけど、みんなはどう？」とイラストを部屋に貼ってみると、「みんな、一回絵で描いてみたら？」という声が上がり、それぞれグループごとに話し合ってイラストを描き、それをグループ発表という形で見せ合って決定していきました。

　衣装は、園の倉庫にあったものを出してきて、ファッションショーのように着た姿を見せ合いながら、自分達で役のイメージに合うものを採用していきました。BGMや効果音も、CDや音源からイメージに合うものを選ぶことができましたし、劇中歌も自分達の馴染みのある歌に作詞をして、自分達で作り上げています。当然、セリフも自分達で考えたため難なくマスターしています。また、背景や小道具、大道具作りでは、自分達で率先してグループに分かれ、作成に取り組みました。

　いよいよ佳境を迎え、本番のように舞台に上がって実際に演じてみる段階では、「ここはこうやっていったらどう？」などと意見を出し合いながら進めていきました。言うまでもなく当日は、楽しみながら自分達の劇を堂々と演じる姿が印象的でした。

第3章 教育的ドキュメンテーションで保育が変わる 185

11月から2月にかけてのドキュメンテーション

1月研修会議 まつ組永吉美里

まもるレストランの話を考えている時のこと、全体で劇の話をしたが、すぐには、考えられず、考えたら、また話をすることになった。すると、遊んでいる時に、うらら、ひとは、まあいが、紙飛行機をもって、「中に手紙が、あるからね。」と渡してくれた。中を見ると、劇のはじめの内容が考えられていた。考えてはいたが、全体での発表は、恥ずかしいようだった。

うたの、歌詞も、自分たちで考え、歌っている間に思い思いの振り付けをする姿が、見られ、「こっちの方がいいよ」と案をだしたり、「それいいね。」と認めたりしながら、楽しく、歌う姿が、見られた。

背景作りでは、森はどんなかんじかな?と聞くと、「こうやって、木がいっぱいあって」「と話あず、みさ、むんすの、姿も見られたが、なかなかイメージを持てない子もいた。先生は、こんな森を想像してたんだけど、みんなはどう?」と、いくつか、写真を見せると、あっこれいいね。これは、違うという姿が見られ、「じゃあ一回みんなでかいてみたら?」というふうきの姿も見られ、描いてみることにした。

早速、「こんなのを考えてきてくれた子がいたよ。」と、みんなのまえで、発表すると、「いいね。じゃあつぎは、こうしたら?」など、つぎつぎに、意見が出てきた。ある程度出来上がると、一回やってみたらどう?とあずが言い一度やってみることになった。

描き終わると、グループごとに出てきての発表が、始まった。色々なイメージの絵があり、「すごい上手レストランの外には森があるんだね。」など、他児の作品を認めながら、楽しんで、みる姿もみられた。また、けいすけは、恥ずかしながら、発表することを嫌がっていたが、そうしいえ、誘われ、一緒に発表することで、発表でき、終わった後は、満足気であった。
せいまも自分なりに、かき、「僕はこれをかきました」と発表する姿が、見られた。

「やってくれるひと」ときくと、たくさんの子が手をあげ、「まってるときは、ピアノの中よ。」といつものように、ピアノのなかで、かくれてまつ姿も見られた。
話あいの時は、なかなか、参加できずにいた、せいま、なおき、じゅん、ピサルも、てをあげ、前にたち、セリフをいっていた。

衣装作りでは、いくつか、衣装、を用意し、実際に子どもたちが、着て衣装をきめることにした。
「コックさんの衣装ってどんなのかな?」という保育士の声かけに対して、「コックさんはこんなかんじじゃない?」と実際に描いてみせるひなの姿も見られた。また、りょうたろうもコックは、こうやってお料理するんだよと、イメージして、絵を描いてみせる姿も見られた。

また、実際に衣装を着てみると、「それいいね。」や、「これは、似合わないから違うのにしよう」など、色々な意見が出た。

背景づくりでは、子どもたちが、描いたえをもとに、子どもたちと、かいていった。
ほかの、森の絵をみた、うらら、ゆの、なりりが、「先生こういう風に色をぬりたい。どうやってぬるの?と聞いきたため、「黄緑でポンポンって塗ってから緑で、ポンポンとぬると、こういう風になるよ。」など、塗り方を、伝えながら保育者も一緒に塗っていった。
すると、「もう少し黄緑が多いほうがいいかな?」など、考えながら、友達と一緒に楽しんでぬる、うらら、ゆの、なりの、かえら、るり、りりあの姿が、みられた。

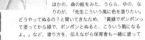

今回子どもたちと一緒に劇を、考えていく中で、イメージを、もって、考え、みんなのまえで、発表できる子、イメージは、あるが、なかなか、自分の考えを言えない子、なかなかイメージを持てずにいる子、考えは、浮かばないが、演じることは、楽しいようで、積極的に参加するこ、など、色々な姿が、見られた。その中でも、描いてみたら?というふうきの一言で、イメージしたものを絵で表すことができたことは、よかったと思う。
劇を進めていくなかで、みせあったり、自分たちの劇を見る機会を増やし、意見を出し合いながら、進めていけるようにしていきたい。

お話を創作して発表する姿や、自分達も楽しみながら観客にも劇を楽しんでもらおう、自分達で作りあげていこうという子ども達の姿が記録されています。

担任は、「生活発表会の取り組みでは、お互いの意見を聞きながら、考え、認め合いながら意見を取り入れたり、思ったことを、絵や文字で表現することが、できていたと思います。みんなで創りあげる楽しさと同時に難しさもありました」と振り返っています。

5 プロジェクト活動に取り組んだ2人の保育者の言葉

コメント（1）山口恵理子さん（2016年度「まつ組」担任）

　子ども達が塗り絵をしたものをペープサート（人形劇）にして、そこから「映画館ごっこ」や「ディズニーランドごっこ」が始まりました。初めは、遊びをどのように膨らませていけばよいかと構えてしまうところがありましたが、遊びを追ったり、遊びに入っていくと、子ども達から「こうしたい」などの意見が出るようになり、子ども主導で遊びが進んでいきました。

　遊びが進んでいくなかで、お客さんが見やすくなるようにと、低い椅子を前に置くことに子ども達が気付き、並べていました。いつ始まるのかについても、お客さんに分かりやすいように張り紙を書いて知らせたりしていました。また、作品展では、展示の仕方を見やすくするために高さを変えるなど、遊びで身についたことを活かすことができていたように思います。

　演じるだけでなく、紙芝居のように自分達で絵を描いて話を作っていき、それを見てもらうことを楽しんでいました。このような姿から、生活発表会の創作劇につながっていったのです。ここでも、劇のセリフが覚えられるようにと言って、紙に書いて覚える姿も見かけられました。

　ドキュメンテーションに取り組み始めたころは、どんなシーンの写真を撮ればいいのかと思っていました。正直に言えば、ドキュメンテーションを作成するから写真を撮るという感じでした。けれども2016年は、子ども達の遊びに今まで以上に目を向けていくことができ、子ども同士の言葉のやり取りや遊びの進め方が面白く感じられ、自然に写真を撮っていました。

　園舎の壁と避難用の螺旋階段の間に少し陽が差すところがあるのですが、そこをステージに見立てた「アイドル活動ごっこ」をしたり、今回の「映画館ごっこ」に熱中したりする姿を見ていると、少しのきっかけで遊びが膨らんでいくことが確認でき、遊びを追っていくことが私も楽しくなっていきました。

　ドキュメンテーションを作成していくと、遊びの変化、環境構成はこれでよかったのか、保育者の関わり方はよかったのかなど、保育の振り返りができる

だけでなく、次の課題も見えてきます。保育者が子どもの遊びに入ることで、子ども達が何に興味をもち、何が好きなのかを知ることが大切である、と改めて思いました。

コメント（2）永吉美里さん（2016年度「まつ組」担任）

大生幼児園

1年を通して子ども達の遊びを追ってきたのですが、初めは私自身どうしたら遊びが展開するのかということばかりを考えていて、子ども達が何に興味をもち、どうしていきたいのかなど、なかなかつかめずにいました。しかし、子ども達の遊びを追っていき、子ども達と一緒に遊んだり見たりするなかで、何に興味をもっているのかが少しずつ分かるようになっていきました。

今回は、「映画館ごっこ」から始まり「ディズニーランドごっこ」、そして作品展での発表や創作劇を考えることができました。そのなかでも、映画館に行ったことのある子どもが映画館での約束事を伝えたり、ディズニーランドに行ったことのある子どもがその様子を伝えたりすることがあり、それぞれの体験の有無に関係なく、子ども達は遊びを楽しみました。

自動販売機作りでは、実際に自動販売機を見に行ったり、イラストや写真を部屋に貼ったりしたのですが、用意してあった段ボールや紙コップ、折り紙や、カラーセロファン、ストローなどから好きなものを選び、自分達で考えて作っていました。また、人数を調べるためにメモを取ったり、お金作りでは、実際のお金を見せたことでそれを真似て書くなどという姿が見られました。これらの様子から、経験や環境設定が大切であり、子ども達の先の姿を見通して環境設定をしていくことの大切さを改めて実感しました。

子ども達自身も、遊びを積み重ねていくなかで、初めは意見がなかなか言えなかった子どもも考えたことが言えるようになったり、最初は参加していなかった子どもも興味をもち始め、最後の生活発表会では、セリフを考えたり、振

り付けを考えたり、演じたりすることを楽しむようになっていました。

　また、私自身も、どのように関わっていったらよいか迷ったり、悩んだりもしましたが、お客さんとなって遊びに参加し、見守ったり、子ども達が考えられるように必要な時に言葉を投げかけたことで、子ども達自身が考え、遊びを展開することができたと思います。

　ドキュメンテーションの作成では、初めは何を書いたらよいか分からず、写真を撮ることすら苦戦していた私ですが、今ではどの写真を載せようかと迷ってしまうくらい写真が撮れるようになりました。また、ドキュメンテーションの作成中も、思い出し笑いをしてしまったり、遊びのなかで子ども達にどのような学びがあったのかと考えたり反省したりするなかで、違うアイディアが浮かんでくるようになりました。自分の保育を振り返ったり、子ども達一人ひとりが何に興味をもっているのか、また何を学んでいるのかを知るよい機会になったと思います。

　3年間の取り組みを通して思うことは、積み重ねていくなかで見えてくるものが増えたということです。言うまでもなく、私自身とても勉強になりました。

6　ドキュメンテーションとの関わり

　3年にわたるドキュメンテーションとの関わりを振り返ってみて、保育者はドキュメンテーションという子ども達の記録から、自身の保育を振り返る手立てを得ていくことが明確となりました。また、自分の思いがこもる写真という静止画によって、自身がこの時子ども達をどのように捉えていたのかを再認識できるだけでなく、そのドキュメンテーションを活用した話し合いの際、自分がその現場にいなくても子ども達の様子を表情などからうかがえるため、より活発な話し合いにつながることも分かりました。

　保育者はドキュメンテーションを介した保育者同士の話し合いなどから、子ども達が何を楽しんでいるのか、何を学んでいるのかを読み取り、そこから次の活動につなげるためにあらかじめ何を準備しておくのか、どのような働きかけを行うのかということについて考えるようにもなりました。

第3章 教育的ドキュメンテーションで保育が変わる　189

11月の作品展の展示作品の前で

　一方、子ども達は、ドキュメンテーションを見て、活動時の自分に立ち戻り、思いを持続したり、振り返ったことを新たな活動に活かしたり、新たにその活動に参加して、新しい風を入れたりもしています。まさしく、ドキュメンテーションを通し「その出来事に関わったすべての人は、その出来事を再訪問することができる」[3]と言えます。
　それぞれの子ども達に起きていることを小さな手がかりとし、クラスの大半が自主的に参加し、発展し、持続する活動へとつなげられます。これらは、保育者と子ども、子どもと子ども、過去の子どもと今の子どもとがドキュメンテーションによって対話をすることで実現します。つまり、ドキュメンテーションは、子どもに関わるすべての人と分かち合われ、それによって関わる者すべてがつなげられた時に教育的ドキュメンテーションとしての本当の意味をもち、役割を果たすのです。
　手引き書では、教育的ドキュメンテーションは「活動のエンジン」[4]であると表現されています。就学前学校の保育者は、子ども達の質問や子どもならで

---

[3]　Skolvelket(2015)"Uppföljning, utvärdering och utveckling i förskolan -pedagogisk documentation-" p.17
[4]　同上、p.15

はの論理に熱心に耳を傾けながら記録していきます。このプロセスがあってこそ、子ども達の活動がこの先どのように進んでいく可能性があるのかについて予測することができるのです。また、教育的ドキュメンテーションを通して、子どもだけでなく、そこに参加する大人も進行する学びの内容を捉えて描写することができるようになります。

　確かに、大人にとっては当たり前のことでも、子どもにとっては深く考えるべき重要な内容であることは多いものです。例えば、「映画館ごっこ」におけるジュースの値段決めがその例と言えます。子どもの学びをドキュメンテーションを通して確認し、話し合いなどを経てリフレクションすることで、大人のなかに新たな子どもについての学びが構築され、子どもの興味や関心の真意を理解し、子どもが乗り越えるべき新たな課題の発見へとつながるのです。このような意味から、教育的ドキュメンテーションはすべての活動を始動させる基となります。つまり、前述した通り「活動のエンジン」と言えるわけです。

　ドキュメンテーションを貼り出したことによって、子ども達とも、またその保護者とも少しは保育を分かち合うことができたのではないかと思います。しかし、子ども達とドキュメンテーションを通して話し合いをもつことや、保護者と子どもの育ちを共通理解し合うことにはまだ近づけていません。

　子ども達とより深くドキュメンテーションを分かち合い、共に振り返ることで、活動に新しい展開が生まれる可能性が大いにあると考えます。それは、保護者にも同様のことが言えます。言うまでもなく、子どもは活動の主役ですし、保護者もまた子どもに関わる者として活動に参加し、支える存在であるからです。そして、そこに関わるすべての人達とドキュメンテーションを分かち合い、保育に還元できた時こそ、「教育的ドキュメンテーションができた」と言えるのではないでしょうか。

　教育的ドキュメンテーションの手法を保育に活かしながら、より質の高い保育実践を行うための次なる課題としては、子ども達とドキュメンテーションをどのように分かち合うのか、また保護者とはどうなのか、ということが挙げられるでしょう。

第4章 ドキュメンテーションを活かした創作劇の取り組み

おおつな保育園保育士：河野さち子、中田愛、浅沼貴之、白石淑江

1 手探りの状態でスタート

　おおつな保育園は、横浜市港北区の住宅地にある、60年以上の歴史を有する保育園です。3階建てとなっている園舎の2階には、ウッドデッキテラスや木々が植栽されたテラスがあります。また園庭には、木造の大型遊具が設置され、様々な実のなる木が植えられています。そして、2005年には、子ども達が自然のなかで伸び伸びと遊べる保育を実現するために「分園おおつな森の保育園」も設立しています（129、131ページの写真も参照）。

　木や自然の豊かさを取り入れた環境づくりに力を入れているおおつな保育園は、以前、スウェーデン南部の就学前学校と交流を行っていたことがあります。

おおつな保育園

それが縁で、本書の執筆者でもあるエングダール先生が2016年春に来日した際にも、私（白石）が見学の受け入れをお願いしました。年長組の保育を中心に、朝の自由遊びの時間からクラス別の活動、食事の様子を見学させていただきました。約半日という短い時間でしたが、エングダール先生はその時の印象を次のように述べています。

「保育園の生活が、子ども達自身のものになっていることが分かります。どの子どもも自ら進んで行動しており、楽しく、かつ良い時間を過ごしていると感じました」

　おおつな保育園では、「子どもの興味に大人が寄り添い、共感すること。また、子どもがやろうとすることや子どもの成長を見守ること」を大切にしていると聞いていただけに、保育者が日々の保育で大切にしていることが海外の研究者にも伝わったことを嬉しく感じた次第です。

　このような交流があったことから、ドキュメンテーションの活用の試みについておおつな保育園に協力をお願いしました。突然の依頼ということもあって、園長先生はじめ保育者のみなさんはさぞかし戸惑いや不安を覚えたことと思います。しかし、年長組の保育者のみなさんが前向きに検討してくださり、2016年の秋から12月にかけて行う「創作劇」の取り組みにおいてドキュメンテーションを活用することになりました。

　また、偶然にも、クラス担任のリーダーである河野さんがこの年の10月に北欧に出掛ける予定があったので、その際、スウェーデンの就学前学校の保育者であるウェンドラー由紀子さん（第1部第4章参照）から直に指導をしていただくことにもなりました。

　おおつな保育園でのドキュメンテーションの取り組みは、まさに手探りの状態から始まりました。とにかく、できることを無理のない範囲で試みることをお願いし、以下のような方向性を確認しました。

❶できるだけ子ども達の意見やアイディアを引き出し、それを活かした創作劇をめざす。また、自分達の劇を創るという共通の目標をもって、協力して取

り組むように援助する。

❷保育者は劇創りのプロセスを、子ども達の声を丁寧に聞き取ったり、写真に撮って記録し、ドキュメンテーションを作成する。そして、それを資料として次の活動につなげていく。(河野さんは10月にウェンドラーさんの勤務する就学前学校を訪れ、保育室の掲示や写真などを見せていただきながらドキュメンテーションについて説明を受けている。そして、同僚と相談し、子ども達の意見を丁寧に聞きながら進めていくために話し合いの様子を録音し、それを資料にしてドキュメンテーションを作成した。)

❸保育者が作成したドキュメンテーションは、子どもが見えるように展示し、取り組みのプロセスをクラス全体で共有できるようにする。また同時に、保護者にも見えるようにする。

❹ある程度進んだ段階で、作成したドキュメンテーションについてミーティングを行う。(担任の保育者3名のミーティングのほかに、リーダーの河野さんと白石とのミーティングを計3回実施した。)

2 みんなで話し合い、創作劇の枠組みを決める

クラス編成：子ども（年長児）36名、保育士3名　期間：2016年9月25日〜12月24日

　9月の年長組では、子ども達が話し合いをしながら遊ぶ姿が見られるようになりました。そこで、お遊戯会という大きな舞台で演ずる創作劇を子ども達と一緒に話し合いながら創ってみることにしました。

　また、話し合いの場面や内容を記録し、それを資料としてドキュメンテーションを作成しながら進めることにしました。この時、保育者同士で話し合って共有したことは、できるだけ子ども達の意見を取り入れて進めたいが、話が展開しなくなった時は保育者が助言すること、保育者がやりたいと思うことや思い描いているストーリーを取り入れてもよいが、あくまでも子どもと同じ目線に立って提案してみることでした。

　最初に、子ども達の興味や関心を探るために、「保育園の生活のなかで、何をしている時間が一番好き？」と尋ねてみました。すると、「遊ぶ時間！」とか「ご飯食べる時間！！」という答えが返ってきました。

今年の年長組は、「つながり」というテーマで保育をしています。また、子ども達が大好きな給食では、世界の郷土料理を食べる「世界献立」をメニューに取り入れて様々な料理を味わっています。そこで保育者達は、親しみやすい食を通して、世界とのつながりがあることを感じて欲しいと考え、これをテーマにした劇創りを子ども達に提案することにしました。

早速、「どんな食べ物が好き？」と尋ねてみると、ハヤシライス、きつねうどん、すし、カレー、スパゲッティ、ラーメンといった答えが返ってきました。そこで、これらの食べ物がどこの国のものなのかと尋ねてみると、子ども達は勢いよく手を挙げて「日本」「インド」「イタリア」「中国」と答えました。

私達はこの4か国のことについてもっと知ってもらいたいと考え、国旗の由来、食べ物、観光スポット、ダンス、スポーツなど特徴をまとめた表を作成して、子ども達に説明しました。

また、世界にはもっとたくさんの国があることを知って欲しいと思い、さらに4か国を追加することにしました。隣国である韓国、オリンピックイヤーだったので開催国のブラジル、多くの文化が日本に入ってきているアメリカ、そして「世界献立」で食べたことのあるフランスです。

各国について話をしたあと、お遊戯会でこのなかの4か国を選び、1か国を担当するグループの人数は9人になることを説明し、メンバーを決める方法を尋ねました。すると、次のような意見が出てきました。

「やりたいものに手を挙げる」
「1人1回、手を挙げる」

そこで、「もし、人数オーバーになってしまったらどうするの？」と質問してみました。

「じゃんけん！」
「もし負けたら、あいてる国にする」

4か国のポスター

第4章　ドキュメンテーションを活かした創作劇の取り組み　195

「じゃんけんで負けちゃった人は集まる」

「じゃんけんで勝った人から決める」

　これらの意見から、やりたい国の一つに手を上げ、人数オーバーになったら
じゃんけんで勝った人が残り、負けた人同士は集まってもう一度じゃんけんを
して、勝った人から空いている国のなかでやりたい国を選んでいくということ
にしました。

　日本とアメリカが人数オーバーになってしまったので、取り決め通りじゃん
けんをすることになりました。負けた人達が集まって再びじゃんけんをして、
イタリア、フランスを選んで4か国に分かれることができました。すごいこと
に、負けた人達は自然と集まっていました。自分達で決め方を提案したからで
しょう、揉めることはありませんでした。

　子ども達にその国を選んだ理由を尋ねると、「日本人だから」「コース料理が
きれいだったから」「衣装がかわいかったから」「ハンバーガーが好きだから」
と、思ったことや考えていたことを話してくれました。きちんと理由をもって
いた子ども達に保育者達は正直驚き、感心させられました。

　次は、どのような劇にしたいかについて話し合うことにしました。

保育者　お遊戯会でそれぞれの国のことを紹介するんだけど、どんな方法でお
　　　　客さんに紹介できるかな？

子ども　曲に合わせて発表し、お話をする。

子ども　国の旗を持って、踊ったりする。

保育者　遠くにいるお客さんに見えるようにするためにはどうしようか？

子ども　お父さん、お母さんが見えるように並んで発表する。

　みんな頷いたり、「なるほど！」というような明るい表情で感心するととも
に、賛成していました。今まで発言しなかった子どもが発言するようになって
きて、以前よりも話し合いにおける会話が増えてきました。それに、お遊戯会
の話し合いを始めることを伝えた時、子ども達はすすんで椅子に座り、保育者
が見えやすいように座り方を変えたりもしていました。

そして、「曲に合わせて旗を持ったりしたい」とか「踊ったり、大きな声で言ったりする」という意見が出たことから、踊りをしたり、旗を持ったり、みんなが見えるように立って大きな声で発表するということになりました。また、踊りと国旗は、必ず各国の紹介に入れることにし、次からは各国ごとに発表内容について話し合うことにしました。

3 グループごとに担当する国の特徴や料理を調べる

創作劇の枠組みが決まったところで四つのグループに分かれ、どのような形でそれぞれの国の紹介をしていったらよいかを話し合いました。クラスの活動を調整し、保育者が必ず各グループの話し合いに参加できるように役割分担を決めています。

フランス

フランスの特徴をまとめた表や、「世界献立」の時に見た写真を見ながら、どんなことを紹介していくか話し合いました。子ども達から出てきたのは以下のようなものです。

「食べ物とか紹介する。パン屋さん」

「観光スポット」

「エッフェル塔、モンサンミッシェルとかね」

「旗の意味を紹介する」

「意味を紹介するには旗を作らないと教えられないからフランスの旗とか作る」

「フランスの人のしゃべり方とかフランス語教える」

この話し合いから、フランスパン、エッフェル塔、モンサンミッシェル、ルーブル美術館、国旗、フランス語の挨拶を紹介することにしました。踊りについては、バレエを踊ってみるのはどうか提案してみました。しかし、バレエがどういうものか分からないということだったので、インターネットでバレエの動画を見てみました。

第 4 章　ドキュメンテーションを活かした創作劇の取り組み　197

バレエの練習

「男の子と女の子と一緒に 2 人で踊るとか」とか「つま先で回って歩いている」など、動画を見ながら踊り方を考え始めたようです。しかし、動画を見ただけでは分からないこともあったので、バレエ経験のある保育者に教えてもらうことにしました。真似をして振りを覚えると、知らないグループの子ども達に向かって踊ってみせます。すると、みんなが、「一本足で回りたい」「手もつけたほうがいいよ」「こんな感じ？」と言いながら踊り始めたのです。

　踊りの曲は、フランスに関わりのある 4 曲を保育者が準備し、そこから子ども達が 1 曲を選ぶことにしました。曲を流してみると、子ども達の反応が今ひとつよくありませんでしたが、最後に『きらきら星』を聴くと全員が明るい表情になり、「これ聴いたことある！」とか「これがいい！！」ということで、『きらきら星』に決まりました。

イタリア

　イタリアの特徴をまとめた表を見ながら、どんなことを紹介するかを話し合いましたが、なかなか話が進みません。子ども達の知っていることもあったのですが、どうもピンとこなかったようです。そこで、保護者にも協力してもらうことにしました。

後日、子ども達が家で調べてきたことを紙に書いて持ってきました。家では、インターネットなどを利用して調べたようです。そのほかに、保育者が写真付きの本や地図を準備し、それらを見ながらもう一度話し合いました。

「ピザ、ティラミス、スパゲッティ、ラザニア……」

「イタリアは晩ごはんが遅いんだって。みんなおしゃべりするから」

「船みたいなやつがある」

「イタリアの旗」

「コロッセオ、ピサの斜塔」

イタリアがどこにあるか探してみたところ、子ども達の興味がどんどん湧いてきました。

踊りの曲は保育者が２曲用意し、どちらかを選んでもらうことにしました。１曲目は、以前聴いた時に数人が「いいね」と言っていたもので、２曲目は初めて聴くものでした。子どもの発言から、「聴いて、手を挙げて多いほうにする」という決め方を選んでいます。

「２曲目のほうがいい」と手を挙げる子どもが多かったのですが、１曲目にほぼ決まっていたと主張する子どももおり、なかなか決まりませんでした。お互いに「こっちの曲がいい」と主張する様子が続きましたが、譲り合う発言も見られました。保育者がもう一度どちらの曲がいいかと尋ねると、「１曲目がいい」と全員が頷きました。また、「旗を持って踊りたい」という意見も出ていたので、それを取り入れることにしました。

アメリカ

アメリカの特徴をまとめた表を見ながら子ども達と話し合いました。

保育者　アメリカの何を紹介するか、ちょっと話してみようか。

子ども　ごはん。

子ども　旗とか持ってやる。

子ども　国旗の意味を教えたい。

子ども　女の子がフラダンス、男の子が男らしいダンスを踊る。

保育者 まとめると、ご飯、旗の意味を紹介したり、ダンスを踊ってみるということだね。

　ここまで話は進んだのですが、子ども達のほうから休んでいる友達の意見も聞いてみたいということになり、後日、もう一度話し合うことにしました。
　数日後、全員が揃ったところで再び話し合いをすると、子ども達からさらに具体的な意見が出されました。
「旗の大きさは、あそこに貼ってある世界地図くらいの大きさ」
「先生が描いてみんなで塗ろう」
「食べ物も作らなきゃ」
「ホットドッグ、ハンバーガー、ステーキ」
「新聞紙で作って色を塗ろう」
　２回目の話し合いの結果、国旗、ホットドッグ、ハンバーガー、ステーキを紹介し、製作することにしました。
　話し合いをしている時、衣装のことや踊りの話にもなっています。子ども達はジーンズがアメリカ生まれであるということを知っていて、「みんなでジーパンを履こう！」という提案がありました。

アメリカについて話し合う

ある子どもが「帽子ある？」と質問してきたので、保育者が「帽子とベストは園にある」と伝えると、「カウボーイ」とか「トイストーリーみたいな服だね」と盛り上がりました。このような子ども達の会話から衣装はウエスタン風に決まり、それに合わせて、曲もウエスタン風の曲を選んで踊ることにしました。

日本

　日本の特徴をまとめた表を見ながら紹介する内容を話し合ったところ、子ども達からは次のような意見が出されました。
「日本はここだよっていうの」
「四つの島でできているっていうこと。昨日、テレビで言ってた」
「日本人はこういうの食べるんだよっていうこと」
「旗を作ってさ、紹介するの」
「日本はこういう服を着る人だよって」
「こんな踊りをするんだよとかさ、よくない？」
　このような意見から、おせち料理、国旗、日本の踊り、日本の洋服について紹介することに決めました。また、保育者が「節分も紹介するのはどうかな？」と提案してみると、みんな賛成しました。
　どんな踊りをやりたいかと尋ねてみると、盆踊りと阿波踊りが出ましたが、一つに決めなくてはいけないと伝えると、じゃんけんで決めることになりました。じゃんけんの結果は阿波踊りをやりたい子ども達が勝ちましたが、盆踊りをやりたい子ども達が納得せず、互いに主張するばかりで話がまとまりませんでした。
　盆踊りをやりたい子どもの人数が多かったこともあり、保育者が「人数が多いほうをやったほうが楽しいと思うので、盆踊りにして、振り付けのなかに阿波踊りの振りを入れてみるのはどうかな？」と提案してみました。すると、子ども達の表情がいっきに明るくなり、全員が賛成しました。
　曲を決める際には、夏祭りでやった盆踊りの曲以外で踊りたいというリクエストがあったので、インターネットで調べてみると、『恋するフォーチュンクッキー』で踊る盆踊りが出てきました。子ども達はその動画を見て、「これ聴

第4章　ドキュメンテーションを活かした創作劇の取り組み　201

いたことある」「知ってる！」「これがいい！」と言って、突然踊り出す子ども
まで出てきたのでこの曲に決めました。

4 グループで話し合って配役を決める

　劇の台本は、各国に分かれて調べたこと、またやりたいことなどをふまえて
保育者が作っています。登場人物は、「子ども」「妖精」「国の人」です。
　子ども達がままごとをしていると、世界を旅する妖精が現れ、子ども達を世
界への旅に連れていきます。行った先々では、食べ物のことはもちろん、国旗
の由来や観光スポット、その国発祥のもの、そして特色ある踊りもやって、そ
れぞれの国の人達がたくさんのことを紹介し、教えてくれます。旅を通して
様々な国に触れ、新しいことを知り、世界の人達とこれからもつながっていき
たいといったストーリーです。
　台本を子ども達に聞いてもらうと、「やりたい！」とか「面白そう！！」と、
やる気満々の返事が返ってきました。
　配役は各国それぞれ、子ども役は2人、妖精役は1人がいいということにな
り、9人のメンバーのなかで、国の人は何人でやることになるのかと指を使っ
て数えて、6人に決まりました。
　また、タイトルも一緒に考えています。具体的に出てきた意見は、「妖精と
子どもの大冒険」と「世界を旅する子どもたち」でした。また、「ハッピー」「ピ
ース」「スマイル」という言葉も入れてみてはどうかという意見も出ました。
以上のような意見と、今年度のテーマを組み合わせて、タイトルは「つながり
～世界を旅する子どもたち～」としました。
　テーマやあらすじが決まったので、グループに分れて話し合い、配役を決め
ました。フランスのグループの話し合いでは、最初、それぞれがやりたい役を
主張していました。保育者がどうやって決めるかと尋ねると、「やりたい人が
手を挙げて、人数が多かったらじゃんけんで決める」という意見が出ました。
どの子どももやりたい役があるというので手を挙げてもらうと、じゃんけんを
することもなく配役が決まりました。

202　第Ⅱ部　日本の保育園でのドキュメンテーション活用の試み

　しかし、ほかの三つのグループは話し合いの日に欠席していた子どもが１人、２人いました。

保育者　Ａちゃんがいないけれど、どうする？
子ども　Ａちゃんのこと、決めてあげる。
保育者　Ａちゃんが何かの役をやりたいかもしれない。
子ども　Ａちゃんは妖精がいいんじゃない。
子ども　多分、妖精は好きそう。
保育者　妖精をやりたくなかったらどうする？
子ども　Ａちゃんが来たら、決めればいいじゃん。でも、今日決めないと……。
保育者　みんなが、Ａちゃんが来てから決めたいと言うなら、それでいいよ。
子ども　じゃ、Ａちゃんが来た日に決める。

　三つのグループは、このような話し合いの結果、欠席の子どもが登園した日に配役を決めることにしました。いつもはじゃんけんで簡単に決めてしまう子ども達ですが、この日は、その場にいない友だちのことを考慮して、あとで決めることにしたのです。そして、どのグループもじゃんけんをすることなく、それぞれが自分の演じたい役を選ぶことができました。
　四つのグループに分かれ、お互いの顔が見える関係のなかで時間をかけて話し合いができたので、このような結果になったのだと思います。全体の話し合いでは発言しなかった子どもも、グループでの話し合いでは積極的に自分の意見を言うようになっていきました。

5　製作（国旗作り、料理、観光スポット）、踊り、セリフ

フランスパン作り（フランス）

　パン屋さんの写真を見ながら、どんな材料を使ってどのように作っていくのかを話し合うなかで、「新聞紙を丸めてくっつけて、茶色の色画用紙で巻く」という意見が採用されました。

新聞紙を丸めてセロハンテープで付け、フランスパンの形になるように整えました。色画用紙を貼り合わせるのに「両面テープを使いたい」ということだったので用意しました。しかし、両面テープが一巻きしかなく、みんなが一斉に使い出したために揉めてしまいました。

フランスパン作り

すると一人の子どもが、「〇〇ちゃんから順番に使ったら？」と提案し、みんなが納得して順番に使い始めました。その時、「ちょっとかぶせて、余ったら切って、隙間が空いたところにその紙を貼る」という声を掛け合っている姿を見て、物を大切に使おうとする気持ちがうかがえました。

エッフェル塔作り（フランス）

エッフェル塔は、廃材コーナーに材料を探しに行ったところ、牛乳パックを積み重ねて作る方法を考え付いたようです。しかし、牛乳パックが数個しかな

エッフェル塔作り

かったので、完成させるために何個必要かを考えてみました。今ある牛乳パックを重ねながら、「ここはもっと尖らせたほうがいいよ」とか「大きさはこれぐらいがいいんじゃない？」と予想して、足りない分をもらうために給食室に行きました。いよいよ製作開始です。

「下は４本にしたほうがいいんじゃない？」とか「もっとセロハンテープ付けて。これじゃ倒れちゃう」と意見を出し合いながら、牛乳パックを押さえる人、セロハンテープを付ける人と、ごく自然に作業を分担していました。

　そのうちに、牛乳パックを斜めに付けることと、セロハンテープでは粘着力がないためにすぐはがれてしまうという問題に突き当たりました。そこで、保育者も一緒になって新聞紙を詰めたり、ガムテープを使って作りました。形が整うと、子ども達が「色塗りはどうするか」と話しています。

「クレヨンで塗る」

「絵具で塗ったら垂れてきちゃう」

「（腕を指しながら）持った時にここについちゃう」

　といった意見が出されましたが、なかなかよい案が浮かびません。保育者が色画用紙をちぎって貼ることを提案すると、みんなが賛成して、「エッフェル塔って何色？」とか「グレーじゃない？」と話し合い、再び製作に取り組んでいました。

　ここでも、色画用紙をちぎる人、糊を付ける人、貼る人と作業を分担しています。また、遠くから見て隙間があるところを見つけたり、裏側に回って色画用紙を貼ったり、下からのぞくように見て、「見えるかもしれないから貼ったほうがいい」という提案をするなど、子ども達がいろいろな視点から確認し、製作している姿に驚かされました。

　こうしてエッフェル塔は子ども達だけでどんどん進められ、見事に完成しました。このころには、保育者が声を掛けなくても子ども達だけで話し合う姿が見られるようになっていました。

　ルーブル美術館やモンサンミッシェルはどんなふうに作っていくのかと尋ねてみると、「写真を拡大コピーして段ボールに貼り、見せられるようにしたい」と答えました。これまでと同じく立体にすることをすすめてみましたが、写真

第4章　ドキュメンテーションを活かした創作劇の取り組み　205

を見ながら「難しいからコピーしてほしい」とはっきり言ってきました。

　保育者達はこの発言に驚きましたが、自分達には何ができるのか、どこまでできるのかを考えたのだと思い、冷静な考えに感心してしまいました。また、モナリザの写真を見つけ、紹介したいという提案があったので追加で紹介することにもなりました。

ピザ、ワイン、チーズ作り（イタリア）

「今日は何する？」という子ども達から声が掛かり、話し合った案を見返してみることになりました。大きいものはあとで作るということになり、保育園にある材料のなかで作れるものを選んで製作を始めることにしました。

　新聞紙を丸めてつなげ、形を整えてピザ生地を作り始めました。ワインは、2人で牛乳パックを使って作り始めましたが、丸い瓶だと気付いて周りに新聞紙を付けて、「いいね」とお互い納得しながら作っていました。最初は数人でしたが、製作している友だちの姿を見て、ほかの子ども達も次々と集まってきました。

　ピザ作りでは、写真を見て確認しながら次の工程の話をしています。

「トマトソースはどうしよう」
「緑の葉っぱもいるね」
「赤ね……」
「そうだ！　赤い折り紙！！」
「ちぎって貼る」
などと相談しながら進んでいきました。

　糊づけが大変になると、仲間を呼んで手伝ってもらうなど、製作するのに何人必要かを自然

ピザ作り

に考えているようにも思われました。同じ流れで、ワインやチーズ作りもしています。

206 第Ⅱ部 日本の保育園でのドキュメンテーション活用の試み

ピサの斜塔作り

ピサの斜塔作り（イタリア）

　本の写真をもとに保育者が下絵を描き、子ども達がクレヨンで外枠を描いて絵の具で塗り始めました。新聞紙を丸めてつなげたものに、先ほど描いた絵を貼っていきます。

「ちょっと押さえてて」
「ちょっと待って、ここ新聞紙みえてる」
「反対側がまだまだだよ」

　と声を掛け合いながら作っていったのですが、ピサの斜塔の天辺に旗があることに気付いて、急きょ作ることになりました。

　かなり小さい旗で、絵を描くのが難しそうだったので、保育者が「手伝おうか」と声を掛けましたが、「自分でやる」と言って挑戦していました。それを見ていたメンバーの一人が、「赤い小さな線があるね」とアドバイスをし、完成させていました。

　できあがった時は、メンバー全員が納得した表情をしていました。ピサの斜塔のほか、ヴェネチアのゴンドラも声を掛け合いながら作っていました。

アメリカの国旗作り（アメリカ）

　保育者が国旗の下絵を描き、全員が筆を持って、手分けをして色を塗っています。

アメリカの国旗作り

「赤と白の線を13本だよ」
「白い線は残すよ」
「はみ出さないようにやろう」

　このように気を付けたいことを発言し、声を掛け合いながら塗っていました。パレットが遠くて絵の具を付けにくそうにしている友達を見ると、パレットを近くまで持っていって、使いやすくしてあげている子どももいました。次第に子ども達自身で考え、筆を持って塗る人、パレットを持つ人と役割を決めるようになり、途中で交代するという姿も見られました。
「アメリカっぽくなってきた」「ここ、はみ出てる」「次は青だね」と、会話を弾ませながら進めていました。
　青いところが塗り終わると、次は星です。50個描かなければいけないのですが、子ども達は数を聞いて驚き、弱音をはいていました。しかし、いざ始めると、「見て！　これ上手にできた！」とか「こっちの星もやるね」と喜んだり、積極的に取り組んでいました。
　できあがったあとに感想を聞いてみると、子ども達からは「楽しかった」という返事が返ってきました。苦労した分だけ満足感が大きかったようです。

おせち料理作り（日本）

　おせち料理を知らない子どもがいたので、写真を見ることにしました。する

と、「あー、知ってる」「黒豆」「えび」「だて巻き」「数の子」「私、かまぼこ好き」と、知っているものを次々と話し出しました。おせち料理の中身は、子ども達の発言から、黒豆、えび、だて巻き、数の子に決めて作ることにしました。

これらは、お客さんに見えるように大きく作るため、新聞紙を丸めて形を作り、折り紙を貼ることになりました。重箱は牛乳パックで作り、黒い色画用紙を貼ることにしました。

牛乳パック、セロハンテープを準備して作り始めましたが、各自牛乳パックを2個ずつL字型に貼り付けているだけでなかなか進みません。そこで、牛乳パックを囲んで丸くなり、作るメンバーの顔が見えるように座ってもらいました。一人で作るのではなく、ここにいるメンバーみんなで一つの重箱作りをすることを伝え、まず形を決めて、色画用紙を貼っていくと説明しました。すると、自然に話がまとまり、製作が進み始めました。

黒い色画用紙を目の前にして、どのようなやり方をするかなかなか話がまとまりません。保育者から、「画用紙はたくさんあるわけではないので、大切に使ってね」という話をすると、「貼る大きさを決めてから切ったほうがいいよ」とか「裏も貼ろう。お客さんに見えるから」と話が進みました。

どのくらいの大きさが必要か、牛乳パックに画用紙をあてて折り目をつける

おせち料理作り

人、切る人、糊付けをする人と、役割分担をして再び製作が始まりました。「これも使おう、もったいないから」と、小さな切れ端をはまる所にあてるなど、画用紙を無駄にしないように使っていました。

　重箱ができあがると、おせち料理作りです。誰が何を作るかをじゃんけんで決めていました。作り方が難しいという時には、写真を見ながら保育者も一緒に作りました。できあがった一品一品を、「こっちのほうがいいんじゃない？」とか「ここに入れたら？」と話し合いながら重箱に詰めていました。

節分の豆作り（日本）

　豆をどのように作るのかと困っていたので、保育者が新聞紙を丸めて折り紙で包むようにしたらと提案しました。

　「このくらいの大きさでいいのかな」と相談しながら取り組んでいた時に、「何色の折り紙で包むの？」と尋ねると、薄いだいだい色とねずみ色の２色が出ました。その時、「両方にしたら？」と言う子どもの意見にみんなが賛成し、２色で作ることになりました。様々な大きさの豆がいくつできたのか、と数えている子ども達の姿が満足そうでした。

節分の豆作り

6 劇の発表

セリフの練習

　これまでは、子ども達の声を録音して、本番にそれを流すという方法で劇をやってきました。しかし今回は、短いセリフは覚えて言えるようになっていましたので、録音をせずに生(なま)の声で発表しようということになりました。このことを子ども達に話すと、驚いている子どももいましたが、ほとんどの子ども達が「挑戦しよう！」と張り切っていました。セリフに関しては、どのセリフを言いたいのかを自分達で話し合い、言いたいセリフに希望者が多数いると、じゃんけんをして決めていました。

　保育者が何度か台本を読んでいると、少しずつセリフを覚えていきましたが、曖昧(あいまい)な状態でした。そこで、どんな時でもセリフが確認できるように、紙に書いて貼り出しておくことにしました。貼り出したことを子ども達には伝えなかったのですが、自分達で見つけて練習をしていました。

　セリフの練習をしている友達を見つけると、一緒に練習をするようにもなり

セリフの練習

ました。そして、ほとんどの子ども達がセリフを覚えてしまいました。全体でセリフ合わせをした時、言えない子どもがいると、側にいる友だちが「次だよ」という合図を送ったりして、自分以外のセリフも覚えている子どもが仲間を助けてあげていたのには驚きました。

　セリフ合わせが終わると、忘れて言えなかったセリフを確認しに行く姿も見られました。セリフの練習中に言いにくい言葉があったりしましたが、「大丈夫？　かわろうか？」と声をか

第4章　ドキュメンテーションを活かした創作劇の取り組み　211

踊りながらセリフ

けて気遣ったり、「がんばってみる」と前向きな言葉が聞かれたりもしています。
　セリフが棒読みになってしまっていたので、保育者がアドリブをつけたり、ゆっくりしゃべる見本をやってみると、子ども達のほうから、「ここは指をさす」とか「手動かしたほうが楽しそうに見えるかも」と提案してきて、セリフに合わせて体を動かしたりすることでしゃべり方も少しずつ自然なものになっていきました。
　どのようにアドリブをしていいか困っている子どもがいると、「次にバレエの踊りをするから、バレエみたいにしてみたら？」と友だちから教えられて、照れながらも手を広げてやっている姿もありました。子ども達同士で声を掛け合い、アイディアを出し合って協力しながら決めていく姿は微笑ましいものです。

踊りの振り付け
　各国それぞれ振り付けを考えていました。決めていた曲に合う振り、やりたい振りを子ども達に聞くとたくさんの意見が出されました。フランスだと、バレエ経験のある保育者に教えてもらったことは全部取り入れたい、動画を見た時に2人組になって踊っていたので、それもやりたいということでした。
　イタリアでは「旗を持って踊りたい」、アメリカは、ウエスタン風の踊りで

振り付けの練習

「衣装にする帽子を使って踊りたい」ということでした。そして日本は、夏祭りでやった盆踊りの振りのなかでやりたいものを決めたほか、盆踊りに取り入れられる阿波踊りの振りはないかと考えたりもしています。

このあと、国ごとに子ども達と一緒に何度も曲を聴き、どの順番でどの振りをやったらいいか、さらには隊形移動なども取り入れながら考え、練習を重ねていきました。

セリフもだいぶ言えるようになってきたので、大道具や小道具を使っての通し稽古へと進んでいきました。衣装を着て練習した時は気持ちが変わるようで、笑顔になっていて、やわらかい表情で演技をしていました。しかし、マイクを実際に使っての練習は、「声が大きく聞こえていい」と言う反面、「緊張した」と固い表情にもなっていました。

練習を続け、ついに劇の完成が近づいてきました。ある日、ビデオに撮った練習風景を子ども達と見て、保育者が「自分やグループのお友だちの発表している姿を見たけど、ここはよかったとか、ここは直したいというようなところはある?」と尋ねると、子ども達から次のようにたくさんの答えが返ってきました。

「オープニングの座る場所変えたほうがいい。そのほうがお客さんに見える」
「声が小さかったから、もっと大きくすればよかった」

第4章　ドキュメンテーションを活かした創作劇の取り組み　213

ビデオを見て振り返る

「ハンバーグを取ってからセルフ言う」
「ゆっくり話す」
「セリフを言ってる時、マイクのほう見ちゃうから直したい」
「最後まで国の人達を見て帰る」
「旗が上にあがってなかった」
「ゆっくり歩いていく」

　このような反省を次の練習に活かしていこう、ということになり、次の練習では反省点に気を付けながら演じている子ども達ばかりでした。また、オープニングの座る場所を変更したらより表情が見えるようになり、セリフもゆっくり大きな声で言っていました。動きも踊りも、一つ一つゆっくりと丁寧にやることを心掛けていたのには驚きました。

　日本グループでは、「踊りの時、腕のばしたほうがいい」とか「踊りが合ってない」といった意見が出たので、もう一度、阿波踊りの動画を見てみることにしました。すると、「腕が伸びてる」とか「腕、耳につけるといいんじゃない？」と自分達で気付くことができ、うまく踊る方法も考えついたようです。

　自分の練習風景をビデオで確認できたことで、より良い演技をするためにはどうしたらよいのかということに気付き、考えを深めることができたようです。それができたこともあり、劇自体がとてもよい仕上がりとなり、いよいよ本番を迎えることになりました。

各国とも完成

7 子どもと一緒に創作劇に取り組んで

時間をかけて子ども達と話し合いながら進めること

　子ども達の好きな時間を聞くことから始まった創作劇でしたが、子ども達に投げ掛ける言葉はどのような言葉がふさわしいのか、またうまく進んでいくのかと不安ばかりでした。それに、保育者が思い描いている創作劇のストーリーもあったので、どこまで子ども達の意見を取り入れて、保育者の意見はどこまでにしたらいいのかと悩んだのも事実です。

　最初のうちは、劇創りの方向性を全員が共有するために36人が一緒になって話し合いをしました。質問したり、疑問に思ったことを発言するのは常に同じ子どもでした。なかなか発言しない子どもに質問を投げ掛けると、何とか自分の気持ちを言うことができるようになったので、保育者が名前を呼んで発言し

てもらったり、発言した子どもの意見を確認しながら、ほかの子ども達に賛成か反対かを尋ねたりしました。とはいえ、最初のころは、保育者がどの子どももバランスよく発言できるようにと心を配って進めていきました。

　話し合いを続けていくと子ども達の発言が増え始め、普段発言しないような子どももよく発言するようになってきました。自由に発言すると聞き漏らしてしまうこともあるほか、話し合いにまとまりがなくなってしまうので、挙手してもらうことにもしました。

　このような方法を取ったことで、より意見が言いやすくなったのではないかと思います。また、何度か話し合いをしていくことで雰囲気に慣れてきたのではないかとも思います。

　全体での話し合いがまとまってきたので、もっと発言する子どもが増えるようにと、各国ごとのグループで少人数の話し合いをすることにしました。すると、全体の話し合いの時には発言しなかった子どもや、普段あまりおしゃべりをしない子どもが積極的に参加し、進んでやりたいことを説明したり、的確な意見を出していたりと、話しやすくなったようです。

　言いやすくなったばかりではなく、子ども達同士、表情が見やすくなったようで、賛成の時はみんなで盛り上がることができ、反対意見をもっている人がいれば、「納得してない人がいるからどうしようか……」と、自分達で考えられるようにもなってきました。それに、少人数だと声も通りやすいようで、挙手をしなくても話がまとまるようでした。

　そして何よりも、子ども達一人ひとりの劇創りに対する意欲が、話し合いを重ねるごとに高まっていったように思います。また、それと同時に、みんなで協力して一つの劇を創りあげていこうという思いが次第につながっていきました。

　この劇創りでは、子ども達の意見をできるだけ取り入れ、製作や演技の練習にそのアイディアを活かすため、子ども達との話し合いの時間を十分に確保しました。その結果、子どもの意欲や主体性が自然に引き出され、クラス全体で役割分担しながら協力して発表会に臨むことができたと思います。

　なお、保育者3人の役割分担ですが、それぞれの国を3人で分担、担当しま

216　第Ⅱ部　日本の保育園でのドキュメンテーション活用の試み

した。子ども達と話し合いを始める前や話し合いをしたあとは、お互いに内容を報告し合いました。どんな方向に進んでいるか、次は何を進めていくのかをお互いに報告することでそれぞれの国の進み具合が見えてくるので、よい意味での競争心も生まれたように思います。もちろん、保育者同士のよいコミュニケーションにもなりました。

アイディアを出し合い、協力して製作に取り組むこと

　製作は、子ども達の意見を中心にして進んでいきました。今までやってきた製作の技法を思い出し、そのなかでやれそうなものを自分達で考えていました。子ども達の意見を受け止めて実行したからか、子ども達は次々と意見を出してきました。また、保育者からの提案を快く受け入れ、子どもと保育者の間に「認め合う」という空気が流れているようにも感じました。何とか、子どもと同じ目線に立てていたように思います。

　これまでは、大道具や小道具作りは保育者が保育時間外に行っていたのですが、子ども達と考え、製作していくことで保育時間内にやれるようになりました。製作過程やデザインで迷っていると、子ども達の発想を聞いて助けられることも多かったです。また、子ども達中心で進めていったことで、子ども達自身が次は何をするのか、どんな準備が残っているのかと把握することができ、見通しをもった行動ができたと思います。もちろん、これらのことが子ども達の「やる気」につながり、保育者の作業も軽減できたように思えます。

　発表の練習では、子ども達の意見をより多く取り入れることで覚えるのが早くなるということに気付き、覚えることよりも表現する練習に時間をかけることができました。

　それぞれの子どもに得意なことがあり、日常の保育では見ることができなかった姿も多く見られ、子ども同士で認め合ったり、保育者同士も子ども達の姿を報告し合うことで新たな発見をすることができました。子どもが主体となって活動をしていくと、積極的に参加し、子ども達同士が自然と協力して物事を進めていくことを実感しました。

第4章　ドキュメンテーションを活かした創作劇の取り組み　217

掲示されたドキュメンテーション

ドキュメンテーションを活用して

　ドキュメンテーションの書式に慣れず、最初は作成するのに時間がかかってしまいましたが、慣れてくると、子どもの声を細かく拾いたい、載せたい、伝えたいという思いが出てきました。子ども達の言葉や行動を書いていくことで、普段では気付かなかったような子どもの姿を新たに発見したことも多かったです。

　子ども達は、話し合っている姿や製作している姿、練習している姿の写真をよく見ていました。その日にやったことを書き出し、掲示することで子ども達にとっての振り返りになり、「昨日は○○やったね」とか「○○作ってるんだよ」などと話し合う姿も見られ、子ども達の意識に深く根付いているという印象をもちました。

　毎回、話し合いをする時はドキュメンテーションを見ながら振り返りをしていましたが、掲示することで子ども達も自由に見られるので、自然と子ども達同士で振り返りができていたようです。もちろん、次の話し合いに進む時もスムーズだったように思います。

　ドキュメンテーションを掲示することで、子ども達や保育者だけが活用するのではなく、保護者にも様子が伝わるように心がけました。活動している子ども達の様子を口頭で伝えると、一度ドキュメンテーションに目を通しているせいか、話が以前よりも伝わりやすくなりました。

　衣装の準備などにおいても、保護者に協力してもらうことがありました。準備をしている旨を伝えると、「子ども達が考えたんですよね」と理解も得やすく、快く引き受けていただきました。

　今回の活動を通して、子ども達は世界の国旗にも興味をもち始め、普段の遊びのなかで国旗の絵を描いたり、ブロックで国旗を作ったりといった活動が見られました。また、国旗を見て国名を覚えるということにもつながったようです。

「家で国旗の本を買い、よく読んでいます」

「お子様ランチについている旗の国名を言って驚かされました」

「大人よりも国旗の名前を知っていて驚きました」

といった保護者の声を聞き、保育園だけの活動に留まらず、子ども達の生活のなかにも溶け込んでいったことが確認できました。

ほかのクラスの保育者もドキュメンテーションを読み、どのような活動をしているのかが伝わってきて、「本を読んでいるような感じがする」とか「次はどのようなストーリーになっていくのか楽しみになる」という感想を聞くこともできました。

子ども達の振り返りや活動の広がりにつながるだけでなく、保育者にとって子ども達の新たな一面の発見につながったり、保護者やほかのクラスの保育者への伝達手段になったりと、ドキュメンテーションが様々な人にとってプラスになるものだと実感しました。保育者にとっても、子ども達にとっても、そして保護者の方々にとってもよい取り組みであり、様々な場面でこのドキュメンテーションを活かすことができると感じました。

8 実践報告に寄せて

白石淑江

日本の多くの保育園や幼稚園では、クリスマスの時期や年度の終わりに、子ども達の劇や合奏・合唱、遊戯などを発表する機会を設けています。その実践方法は様々ですが、おおつな保育園にドキュメンテーション活用の趣旨を伝えたところ、12月のお遊戯会で発表する創作劇の取り組みで試みたいという提案をいただきました。

以下では、その実践報告を読み、筆者が感じたドキュメンテーション活用による影響について述べたいと思います。

子どもと保育者が認め合う関係

まず一つ目は、ドキュメンテーションの活用が、子どもと保育者の肯定的な関係づくりに貢献するということです。創作劇に取り組み始めたころ（9月下旬）の保育者達は、「うまくいくかどうかと不安ばかりだった」と述べていますが、その不安は次第に薄れ、保育者の記述には、「子ども達はよく考えている」「子どもの発想に助けられた」「やる気があると覚えるのが早い」「次は何

をするか、どんな準備が残っているか、見通しをもって行動している」「子ども同士で認め合い協力している」などの言葉が見られるようになっています。つまり、保育者が子どもの意見や製作する能力を信頼して、子ども達の活動を見守るようになっているのです。そして最後には、「子どもと保育者の間に『認め合う』空気が流れていると感じた」と語っています。

　このような子どもと保育者の関係性の変化は、少なからずドキュメンテーションを作成したこところから始まったと考えられます。3名の保育者達は、ドキュメンテーションの作成のために、テープレコーダーで子ども達の話し合い場面を録音し、あとでそれを聞いて、主要な言葉を記録するという作業を積み重ねました。

　この作業は、多くの時間と労力を費やすものであったことは言うまでもありません。しかし、その苦労が普段では気付かなかった子どもの個性や能力を発見したり、保育者が子どもの声を受け止め、その思いに寄り添った援助を考える機会をつくり出したのではないかと思います。また、子ども達にも、そのような保育者の眼差しや態度が伝わるのでしょう。いつの間にか、子ども達と保育者の間には「認め合う」空気が流れるようになっていきました。

　多忙な保育現場で、ドキュメンテーション作成に多くの労力や時間をかけることはできないという意見もあると思います。しかし、重要なことは、何十枚ものドキュメンテーションを作成することではなく、たとえ頻度は少なくとも、活動プロセスの要所で子どもの視点に立って活動を振り返り、省察して、次の計画を検討することであると思います。

グループでの話し合い

　二つ目は、グループに分かれて話し合うことによって、子ども一人ひとりの声がよく聞こえるようになったことです。保育者達は「もっと発言する子どもが増えるように」と考え、劇の内容に合わせて36人が四つのグループに分かれることを提案しました。すると、「普段あまりおしゃべりをしない子どもがやりたいことを説明したり、的確な意見を出す」ようになったようです。

　しかも、子ども達が率直に話せるようになると、大事な事柄の決め方が変化

しました。どの国を選ぶか、どの役を選ぶか、役割分担はどうするかなど、劇創りの過程ではみんなの合意で決めなければならないことがいくつもあります。この実践では、子ども達はよく「じゃんけん」を用いていました。しかし、グループごとに配役を決めるという重要な場面では、そうではありませんでした。

　欠席者がいたグループでは、その子どもが登園する日まで待って、それぞれ自分が演じたい役を意思表示し、じゃんけんをすることなく決めています。これは、保育者も考察しているように、「四つのグループに分かれ、お互いの顔が見える関係のなかで、時間をかけて話し合いができた」結果であると言えます。子ども達のなかには、お互いに自分の思いを素直に語れる雰囲気ができており、友だちの気持ちを理解して、尊重しながら自らの意志を決定していく心が育ち始めているように思います。

　スウェーデンでは、子どもの参加を保障するために小さいグループでの活動を推奨していますが、この報告からはその意義を実感させられました。日本の保育者の配置基準はスウェーデンのように充実しているわけではありませんが、時には、小さいグループで活動する機会を設けることができれば有意義なものになるのではないかと思います。

子どもの意欲や主体性を引き出す

　三つ目は、子ども達の意見を劇創りに取り入れていくと、子ども達の意欲が高まり、次々にアイディアが出され、みんなで役割を分担し、協力して進めていくようになっていくということです。保育者も、「子ども達中心で進めていったことで、子ども自身が、次は何をするのか、どんな準備が残っているのかと把握することができ、見通しをもった行動ができた」ことや、それが子どもの「やる気」につながったと考察しています。

　このような子どもの主体的で協同的な活動の姿は、単にドキュメンテーションの活用を試みた影響であるとは言えません。しかし、5歳児の子ども達の内なる力をドキュメンテーションによって可視化し、その力が発揮されるような保育者の援助を引き出す機会をつくり出したとは言えるのではないでしょうか。

　もちろん、それは、ただ記録としてのドキュメンテーションを作成すること

でなく、あくまでも、その記録から子どもの心を読み取り、保育活動に子どもの思いをどのように活かすのかを考察する営みがあって初めて可能になることです。スウェーデンの教育的ドキュメンテーションへの一歩は、ここから始まったと考えられます。

　以前、スウェーデンの保育者から、「教育的ドキュメンテーションは本を読んでいるだけではよく分からないけれど、実践していくうちにだんだん分かってくる」という話を聞いたことがあります。おおつな保育園における初めてのドキュメンテーション活用への挑戦は、最初の一歩を踏み出したことで、多くの学びがあることを教えてくれていると思います。

おわりに

――ドキュメンテーションを教育的ドキュメンテーションへ――

「私は20年以上にわたって就学前学校の子どもと関わる仕事をしてきましたが、子ども達がこんなにたくさんのことを知り、できるとは思っていませんでした。今、私の前にいる子どもは、（昨日まで知っていた子どもではなく）別のもう一人の子どものように感じます」

これは、レッジョ・エミリアの協力を得て取り組まれたストックホルム・プロジェクトに参加し、教育的ドキュメンテーションにチャレンジした保育者の言葉です。まさに、目から鱗の心境なのでしょう。子どもの新たな能力や個性に気付き、その有能さを発見した驚きと感動が伝わってきます。

また、この感想は、一人の保育者だけではなく、プロジェクトに関わった多くの保育者に共通するものだったことが報告されています。その理由として、ドキュメンテーションに取り組むなかで、保育者が子どもの声に耳を傾け、彼らの行動に関心を寄せるようになると、子どもと保育者の関係性に変化が現れることが挙げられています。

この論文を読んだ時、日本の保育者がこれに挑戦してみたらどうだろうか、新たな子どもの一面を発見することは、保育者にとって嬉しいことではないだろうかと思いました。そして2013年に、十数年来の友人で、筆者の一人であるジェーン・ウェンズビィさんをお招きして、教育的ドキュメンテーションの入門講座を開催しました。それから約４年が経ち、その間にいくつか保育園の保育者に文書としてのドキュメンテーションの作成とその活用を試みてもらいました。

本書では、その試みの一部を紹介したわけです。ご協力いただいた保育園で

は、その後も試行的な実践が積み重ねられており、2年を経過した現在ではさらなる取り組みが行われており、本書においてその実践例を紹介できないことが残念です。しかし、最初の一歩を踏み出すことで、教育的ドキュメンテーションに新たな可能性を感じるとともに、これからの課題を得ることができました。

新しい目で子どもを見る

その一つは、ドキュメンテーションの作成をきっかけに、保育者の子どもを見る目が変化することです。日本の保育園での取り組みでは、まず場面を可視化した観察記録としてのドキュメンテーションを作成し、それを資料として研究会を開くことに的を絞りました。保育者達にとっては、いかなる場面を観察してドキュメンテーションにするか、どんな姿を写真に撮るか、子どもの声をどのようにして聞き取るかなど、一つ一つが新しい試みでした。

けれども、ドキュメンテーションを継続して作成することができるようになると、子ども達の賢さ、感性の豊かさ、発想のユニークさ、友だちへの思いやりや連帯感など、素敵なところがよく見えるようになり、保育者からは「大変だけれど楽しい」という声が聞かれるようになりました。ドキュメンテーションを作成することを通して、新しい目で子どもを見ることができるようになり、その面白さを感じるようになったのだと思います。

それゆえ、研究会の名称も「新しい目で子どもを見る会」としました。この言葉は、アメリカのレッジョ・エミリア・アプローチの研究者であるシドニー・クレメンス（Sydney G. Clemens）さんの著書『Seeing Young Children with New Eyes』から取ったものです。保育実践を可視化し、省察するという取り組みを通して、スウェーデンの保育者だけでなくアメリカの保育者も、そして日本の保育者も、同じように今までとは異なる目で子どもを見て、「もう一人の子ども」に出会う体験をしているのではないかと思います。

小さな活動をつなぐ

二つ目は、子どもの興味、関心に焦点を当ててドキュメンテーションを作成

し小さな活動をつなげていくと、次第に一つのテーマをもった活動になっていくということです。

教育的ドキュメンテーションは、探究的な活動に適していると言われていますが、確かにドキュメンテーションを基にリフレクションすることが、子ども達が興味をもったことを調べたり、表現する活動を広げていく推進力、つまり「エンジン」になることを実感しました。何よりも、保育者が子どもの視点に立ってその活動をどのように援助していくかを省察するうえで、ドキュメンテーションはとてもよい資料になります。

実践を可視化した記録文書は、イメージが共有しやすく、保育者同士の意見交換がしやすいという感想が多く聞かれました。そして、話し合いを重ねていくうちに、「子どもの疑問に、保育者がすぐに答えを出したり、解決方法を教えないほうがいいよね」とか「できるだけ手や口を出さない。子ども達がどう考えるかを待とう」という姿勢が保育者のなかに広がっていきました。

しかし、その一方で、子どもの意見やアイディアをどこまで受け入れていけばよいか、迷ったり悩んだりする声も聞かれるようになりました。遊びや活動は、子どもと保育者が一緒に作っていくものですが、子どもの主体的な意思と保育者の教育的な意図をどのように絡み合わせていくか、そのバランスが難しいのです。

保育者は常にその答えを模索しながら実践していますが、答えは容易に見つかるわけではありません。しかし、だからこそ、ドキュメンテーションを資料として、同僚や子ども達の意見を聞くリフレクションの機会をもつことが大事なのではないかと思います。

援助の枠組

三つ目は、保育者の教育的な意図の中心には、保育の目標、つまりどのような方向をめざして子どもの活動を援助していくかという枠組があります。本書で紹介したスウェーデンの保育実践と日本の保育実践を比べてみると、その違いが見えてきます。スウェーデンでは、保育者が教育的ドキュメンテーションの読み取りや分析を行う時、「民主主義」や「子どもの参加」を考慮しつつ、「学

226

び」や「知識の構築」に焦点を当てて、それをいかに深め、発展させる援助を
するかに専心しているように思われます。

これに対して日本の実践では、「子どもが自発的に意欲をもって取り組む」
「遊びを通して感じたり、考えたりする」「友達と協力して作り上げる」「失敗
しても挑戦する」など、活動に取り組むなかで発揮されている社会性や情緒的
な側面に重きが置かれているように思われます。保育指針や教育要領の保育内
容のねらいに揚げられている心情、意欲、態度に着目し、子ども達がより面白
いと感じ、目を輝かせて自分がもてる力を存分に発揮していけるように援助し
ていると思います。

このような両者の違いの背景には、「子どもの参加」や幼児の「遊び」と「学
び」についての考え方の違いがあるように思われます。本書では、社会構成主
義に基づくスウェーデンの「学び」や「知識」の概念についてはほとんど触れ
ませんでしたが、今後の研究課題にしていきたいと思っています。

保育を変えていくこと

四つ目は、ドキュメンテーションの活用を進めていくと、保育の環境や形態、
内容、指導計画、行事などを見直したり、調整する必要が出てくるということ
です。子どもの興味、関心から出発し、子ども達の意見やアイディアを活かし
た活動を進めていくには、それを支える環境を整えることが必要になります。

その一つが人的環境です。日本の保育園では、3歳児以上の年齢段階では、
1クラス20人弱の子どもを3人の保育者が担当するというような人的配置は望
めません。このような条件のなかで、どのような活動の仕方ができるかを、そ
れぞれの保育園の実情に即して考えていかなければなりません。

また、物的な環境についても工夫が必要です。スウェーデンのようなアトリ
エはなくとも、子ども達の表現活動のための様々な材料や場所をどのように用
意するかについては各園で考えることが必要でしょう。さらに、活動時間を保
障することも求められます。そうすると、最終的には園全体の保育計画の見直
しや調整が必要となります。ドキュメンテーションの活用を進めていくことは、
このように自分達の保育実践を変えていくこと、つまり保育の質の向上につな

がっていくのです。

ドキュメンテーションを教育的ドキュメンテーションへ

　以上が、記録文書としてのドキュメンテーションの作成とその活用を試みた結果、見えてきたことです。スウェーデンという歴史や文化、政治などが異なる国の手法を日本の保育実践に取り入れることで、本当に日本の保育に肯定的な影響を与えることができるのかと思われる方もいることでしょう。

　しかし、スウェーデンも、レッジョ・エミリアに学び、ドキュメンテーションを教育的なツールとしてスウェーデン独自の方法で活用する道を拓きました。ですから日本でも、日本の保育の風土に適した活用方法を求めていくことができるのではないかと考えます。そして本書が、その歩みを前進させることに貢献できればと思っています。

　よく、異文化に触れることで自国の文化を再発見すると言われます。スウェーデンの保育関係者と交流してきて、そのことを実感することが何度かありました。本書でイングリッド・エングダールさんがスウェーデン人から見た日本の保育の印象を語っていますが、日本の保育者と子どもの距離の近さについては共通に聞かれる感想です。

　2013年の春、スウェーデンでお世話になった就学前学校の２人の校長先生が来日した時もそうでした。３月下旬に来日したので満開の桜を堪能していただきましたが、保育園はちょうど年度の切り替えの時期で、通常の保育を見ていただくことができませんでした。けれども校長先生達は、園庭で子どもと一緒に砂遊びをしていたり、遊戯室で子ども達に交じってリズム運動をしている保育者の姿を見ていたく感動されました。そして、「スウェーデンに戻ったら、このことをまず保育者達に話したい」と言っていました。

　スウェーデンに比べれば、物的にも人的にも豊かな環境が整っているとは言い難い日本の保育園を見学し、子どもと一緒に活動する保育者の姿を肯定的に評価してくださったことは何よりの喜びであり、大きな発見でした。本書では、スウェーデン在住の日本人の方からも日本の保育者の長所について同様の印象が語られています。

日本でのドキュメンテーションの活用はまだ始まったばかりですが、このような日本の保育の特徴を自覚しつつ、保育実践を可視化して省察し、次の計画につなげていくという教育的な営みを活性化し、子どもの興味関心から出発し、保育者と一緒につくる保育実践の充実を図っていきたいものです。「ドキュメンテーションを教育的ドキュメンテーションへ」、これが私達の当面の目標であると思います。

本書の出版にあたっては、「はじめに」で述べましたように、筆者がこれまでにお世話になったスウェーデンにお住いの方々と日本の保育者の方々にご協力をいただきました。もちろん、就学前学校や保育園の子どもさんや保護者の方々、スタッフの皆様にもお世話になりました。簡単ではありますが、皆様のご協力に心より御礼を申し上げます。

また、本書の編集にあたっては、株式会社新評論の武市一幸さんに大変お世話になりました。膨大なドキュメンテーションの資料をどのような形にまとめるかについては、最後まで頭を悩ませてしまいましたが、このような1冊に仕上げていただきましたことを深く感謝いたします。

　2018年3月

編著者　白石淑江

参考文献一覧

第 I 部第 1 章

· Agenda 21. (1992). *Agenda 21*. UN Department of Economic and Social Affairs, Division for Sustainable Development. Retrieved from http://www.un.org/esa/sustdev/documents/agenda21/english/agenda21toc.htm

· Alvestad, t. (2010). *Barnehagens relasjonelle verden: Små barn som kompetente aktörer i produktive forhandlinger.* [The relatoinal world of the preschool: Young children as competent actors in productive negotiatinos]. (Doctoral thesis, Göteborg studies in educational science 294). Gothenburg: Acta Universitatis Gothoburgensis.

· Bruner, J. (1996). *The culture of education.* Cambridge: Harvard University Press.

· Clark, A., Kjörholt, A. T., & Moss, P. (Eds.) (2005). *Beyond listening: Children's perspectives on early childhood services.* Bristol: The Policy Press.

· Corsaro, W. A. (1979). 'We're friends, right?': Children's use of access rituals in nursery school. *Language in Society, 8*(3), 315-336.

· CRC. Committee on the rights of the child. (2009). *General comment no. 12: The right of the child to be heard.* Geneva: Human Rights, office of the high commissioner.

· Dahlberg, G., & Moss, P. (2005). Ethics and politics in early childhood education. London: Routledge Falmer.

· Davis, J. (2014). Examining early childhood education through the lens of educatin for sustainability. In J. Davis & S. Elliott, (Eds.), *Research in early childhood education for sustainability* (pp. 21-37). London: Routledge.

· Engdahl, I. (2011). *Toddlers as social actors in the Swedish preschool.* (Doctoral thesis). Stockholm: Stockholm University, Department of Child and Youth Studies.

· Engdahl, I. (2012). Doing friendship during the second year of life in a Swedish preschool. European *Early Childhood Education Research Journal, 20*, 83-98.

· Engdahl, I. (2015). Early childhood education for sustainability: The OMEP world project. *International Journal of Early Childhood, 47*, 347-366. doi:10.1007/s13158-015-0149-6

· Engdahl, I., Karlsson, B., Hellman, A., & Ärlemalm-Hagsér, E. (2012). *Lärande för hållbar utveckling: Är det någonting för förskolan, eller?* [Is ESD something for the preschool, or what?]. Stockholm: OMEP Sweden. Retrieved from http://www.omep.org.se

· Engdahl, I., & Rabušicová, M. (2011). Children's voices about the state of the earth. *International Journal of Early Childhood, 43*(2), 153-178.

· Eriksen-Ødegaard, E. (2007). Meningsskaping i barnehagen: Innhold og bruk av barns og voksnes samtalefortellinger. [Narrative meaning-making in preschool]. (Doctoral thesis, Göteborg Studies in Educational Sciences 255). Gothneburg: Acta Universitatis Gothoburgensis.

· Halldén, G. (2009). Barnperspektiv. [Child perspective]. *LOCUS, 20*(3-4), 4-20.

230

· Hart, R. A. (1992). *Children's participation: From tokenism to citizenship.* (Innocent report 4). Florence: Unicef.

· James, A., Jenks, C. & Prout, A. (1998). *Theorizing childhood.* Cambridge: Polity Press.

· James, A., & Prout, A. (1990). *Constructing and reconstructing childhood.* Basingstoke: Falmer Press.

· Martin-Korpi, B. (2007). *The politics of pre-school: Intentions and decisions underlying the emergence and growth of the Swedish pre-school.* Stockholm: The Ministry of Education and Research.

· Meadows, S. (2010). *The child as social person.* London: Routledge.

· National Agency for Education. (2011). *Curriculum for the preschool: Lpfö 98.* Stockholm: The Swedish National Agency for Education. Retrieved from http://www.skolverket.se/publikationer?id=2704

· OMEP Sweden (2010). *Child participation outdoors in the Swedish preschool: A development project from OMEP Sweden supported by The Swedish Inheritage Fund 2007-2009.* Stockholm: OMEP Sweden. Retrieved from http://www.omep.org.se

· Pramling-Samuelsson, I., & Kaga, Y. (Eds.). (2008). *The contribution of early childhood education to a sustainable society* (pp. 116–121). Paris, UNESCO.

· Shier, H. (2001). Pathways to participation: Openings, opportunities and obligations. *Children and Society, 15*, 107-111.

· Sommer, D. (1997). Barndomspsykologi. Utveckling i en förändrad värld. [Child-hood psychology. Development in a changed world]. Stockholm: Runa förlag.

· Sommer, D., Pramling-Samuelsson, I., & Hundeide, K. (2010). Child perspectives and children's perspectives in theory and practice. Dordrecht: Springer.

· United Nations. (1989). *The convention on the rights of the child.* New York, N. J.: United Nations.

United nations. (2015). *The sustainable development goals.* Retrieved from https://sustainabledevelopment.un.org/sdgs

第Ⅰ部第4章

· Skolverket (2012). *Uppföljning, utvärdering och utveckling i förskolan – pedagogisk dokumentation.* Stockholm: Elanders.

· Rönnberg, Margareta (2006): *"Nya medier" – men samma gamla barnkultur? Om det Tredje könets lek, lärande och motstånd via TV, video och datorspel.* Uppsala: Filmförlaget.

第Ⅰ部第5章

· *I Ur och Skur Grundbok från Friluftsfrämjandet*, Friluftsfrämjandet 2016

· *Ledarhandledning Skogsmulle*, Friluftsfrämjandet 2011

· 『スウェーデンの保育の今』かもがわ出版、2013年。

· 白石淑江・水野恵子『テーマ活動とドキュメンテーション』

· 桜井慶一監修『スウェーデンの自然環境教育から——身近な自然と遊んで育つ保育実践』わかば社、2018年。

第Ⅱ部第1章

Cabinet Office, Japan. (2014???). *The Comprehensive Support System for Children and Child-rearing Information Booklet.* Tokyo: Implementation Preparation Office for the Comprehensive Support System for Children and Child-rearing at Cabinet Office.

Engdahl, I. (2011). *Toddlers as social actors in the Swedish preschool.* (Doctoral thesis). Stockholm: Stockholm University, Department of Child and Youth Studies.

Engdahl, I., & Ärlemalm-Hagsér, E. (2014). Education for Sustainability in Swedish preschools: Stepping forward or out-of-step? I S. Elliott & J. Davis (Eds.), *Research in early childhood education for sustainability* (ss. 208-224). London, New York: Routledge.

Farrell, A., & Pramling Samuelsson, I. (Eds.). (2016). *Diversity in the Early Years. Intercultural learning and teaching.* South Melbourne: Oxford University Press.

Manning, M., Garvis, S., Fleming, C., & Wong, G. T. W. (2017). *The relationship between teacher qualification and the quality of the early childhood education and care environment: A systematic review.* (Campbell Systematic Review 2017:1). doi:10.4073/csr.2017.1

Martin-Korpi, B. (2007). *The politics of pre-school: Intentions and decisions underlying the emergence and growth of the Swedish pre-school.* Stockholm: The Ministry of Education and Research.

Pramling, N., Doverborg, E., & Pramling Samuelsson, I. (2017). Re-metaphorizing teaching and learning in early childhood education beyond the instruction: Social fostering divide. In C. Ringsmose & G. Kragh-Müller (Eds.), *Nordic social pedagogical approach to early years* (pp. 205-218). Springer: Switzerland.

Sommer, D., Pramling-Samuelsson, I., & Hundeide, K. (2010). *Child perspectives and children's perspectives in theory and practice.* Dordrecht: Springer.

第Ⅱ部第3章

・I. プラムリン、E. ドヴェルボリ／泉千勢訳『スウェーデンの保育方法　テーマ活動　その理論と実践』大空社、1988年。

・C. エドワーズ、L. ガンディーニ、G. フォアマン編／佐藤学・森眞理・塚田美紀訳『子どもたちの100の言葉』世織書房、2001年。

・Skolvelket "Uppföljning, utvärdering och utveckling i förskolan –pedagogisk documentation-" (2015)

執筆者紹介 （登場順）

白石淑江 （奥付参照）

Ingrid Engdahl （イングリッド・エングダール）：PhD （教育学博士）、ストックホルム大学准教授。専門分野は就学前の教育。大学では就学前学校教師の養成教育に携わると共に、留学生対象の「国際コース」のリーダーを務めるほか、OMEP スウェーデン委員会代表も務め、世界各国を舞台にして活躍。著書として、Engdahl, I. (2011). Todlers as socail actors in the Swedish preshool (Doctoral thesis). Stockholm: Stockholm University, Department of Child and Youth Studies. のほか、『スウェーデン——保育から幼児教育へ』（共著、かもがわ出版、2009年）、『スウェーデン——保育の今』（同、2013年）がある。

Jane Wensby （ジェーン・ウェンズビィ）：1988年より30年間、W&W、Ugglan 就学前学校、エーネン就学前学校に勤務しながら「レッジョ・エミリア研究所」で学び、2004年にペダゴジスタ、2017年にアトリエリスタの資格取得。現在、アスペン就学前学校で保育実践の指導を行うほか、創作活動、見学の手配や講義、ワークショップなどを行う。3回の来日経験があり、学生や保育者にスウェーデンの保育実践について講義を行った。

Emma Lindgren （エンマ・リンドグレン）：准看護師と精神科の看護師資格をもつ。1994年に就学前学校の教師養成課程で学び始め、W&W に勤める。2006年に「レッジョ・エミリア研究所」のアトリエリスタ養成課程に入学して資格取得。現在、オルゴナ就学前学校で、アトリエリスタとして子どもの学びのプロセスに関わる仕事を行う。

Wendler 由紀子 （ウェンドラー・ゆきこ）：日本で短期大学を卒業後、経済学を学ぶために渡米して卒業後、スウェーデンの大手企業に就職。結婚により、2003年からスウェーデンに移り住む。スウェーデン語をマスター後、准保育士養成学校で学び、准保育士として7年間勤務。さらに、大学で就学前の教育学を学び、2015年からソフェルンド学校付属就学前学校の就学前学校教師。共著書として『遊び、学べる、「木」の園舎——木のぬくもりをこども達へ』（幻冬社、2018年）がある。

高見幸子 （たかみ・さちこ）：森のムッレ財団の副理事長。元国際 NGO ナチュラル・ステップ・ジャパンの代表。1974年よりスウェーデンに在住し、15年間、基礎学校と高校で日本語教師。1984年よりスウェーデン野外生活推進協会の「森のムッレ教室」のリーダーとして活動。1992年に日本野外生活推進協会の創設に関わる。現在、保育や環境視察のコーデイネート、執筆活動等を行っている。共著書として『幼児のための環境教育』（岡部翠編、新評論、2007年）などがある。

岡田泰枝 （おかだ・やすえ）：愛知淑徳大学福祉貢献学部子ども福祉専攻准教授。大学院修士課程修了後、私立保育園での14年間の勤務を経て、2013年より現職。幼児期の子ども達の学びをその後に続く教科中心の学びにどのように接続するのか、ということが関心の中心。共著書として『探究的・共同的な学びをつくる』（中野真志・加藤智編著、三恵社、2013年）がある。

河野さち子 （こうの・さちこ）：社会福祉法人聖徳会おおつな保育園に勤務して18年。子ども達からは「さちこ先生」と親しまれている。子ども達の好きな「もの」「こと」を見つけて、一緒に遊んだ時に生まれるお互いの喜びを感じる瞬間を大切にしている。

編著者紹介

白石淑江（しらいし・よしえ）

愛知淑徳大学福祉貢献学部子ども福祉専攻教授。

大学院博士課程修了後、短期大学保育科に勤務。その後、大学などの非常勤講師を経て、1991年から同朋大学社会福祉学部に勤め、2010年より現職。

大学において保育士養成に携わるとともに、児童虐待の発生予防を視野に入れた地域の子育て支援活動にも関わっている。

2000年にストックホルム教育大学（現・ストクホルム大学）に短期留学して以来、スウェーデンの研究者や保育者との交流を深めながら、この国の制度や保育実践について研究している。また、勤務校の学生のスウェーデン保育研修も行っている。

著　書『スウェーデン──保育から幼児教育へ』かもがわ出版、2009年

共著書『スウェーデン──保育の今』かもがわ出版、2013年

　　　　『なぜ世界の幼児教育・保育を学ぶのか』（泉千勢編著）ミネルヴァ書
　　　　房、2017年

スウェーデンに学ぶドキュメンテーションの活用
　　─子どもから出発する保育実践─　　　　　　　　　　（検印廃止）

2018年5月10日　初版第1刷発行

編 著 者　　白　石　淑　江

発 行 者　　武　市　一　幸

発 行 所　　株式
　　　　　　会社　新　評　論

〒169-0051 東京都新宿区西早稲田3-16-28
http://www.shinhyoron.co.jp

T E L　03（3202）7391
F A X　03（3202）5832
振　替　00160-1-113487

落丁・乱丁本はお取り替えします。
定価はカバーに表示してあります。

印　刷　フォレスト
装　丁　山田英春
製　本　中永製本所

©白石淑江ほか 2018年

Printed in Japan
ISBN978-4-7948-1091-5

[JCOPY]＜（社）出版者著作権管理機構　委託出版物＞

本書の無断複写は著作権法上での例外を除き禁じられています。複写される場合は、そのつど事前に、（社）出版者著作権管理機構（電話 03-3513-6969、FAX 03-3513-6979、e-mail: info@jcopy.or.jp）の許諾を得てください。

新評論 好評既刊 スウェーデンの教育を知る本

岡部 翠 編
幼児のための環境教育
スウェーデンからの贈り物「森のムッレ教室」

環境対策先進国発、野外保育の真髄とその日本での実践例を詳説。
[四六並製 284頁 2000円 ISBN978-4-7948-0735-9]

河本佳子
スウェーデンののびのび教育
あせらないでゆっくり学ぼうよ

グループ討論や時差登校など平等の精神を築く、ユニークな教育事情（幼稚園～大学）を自らの体験を基に描く。
[四六上製 243頁 2000円 ISBN4-7948-0548-9]

A. リンドクウィスト&J. ウェステル／川上邦夫 訳
あなた自身の社会
スウェーデンの中学教科書

子どもたちに社会の何をどう教えるか。最良の社会科テキスト。皇太子さま45歳の誕生日に朗読された詩『子ども』収録。
[A5並製 228頁 2200円 ISBN4-7948-0291-9]

ヨーラン・スバネリッド／鈴木賢志＋明治大学国際日本学部鈴木ゼミ 編訳
スウェーデンの小学校社会科の教科書を読む
日本の大学生は何を感じたのか

民主制先進国の小学校教科書を日本の大学生が読んだら…？
「若者の政治意識」の生成を探求する明治大学版・白熱教室！
[四六並製 216頁 1800円 ISBN978-4-7948-1056-4]

本所 恵
スウェーデンにおける高校の教育課程改革
専門性に結び付いた共通性の模索

偏差値も入試もなく、自分の関心や将来を考えて学科を選び、学べるシステム―試行錯誤の歴史から高校教育を問い直す。
[A5上製 230頁 2500円 ISBN978-4-7948-1029-8]

表示価格は本体価格（税抜）です。